Heilende Klänge
Kate & Richard Mucci

Kate & Richard Mucci

# Heilende Klänge

ENNSTHALER VERLAG, A-4401 STEYR

ISBN 3-85068-583-7


Ennsthaler Gesellschaft m.b.H. & Co KG, A-4400 Steyr
Satz und Druck: Ernst Denkmayr GmbH, A-4020 Linz
Umschlagfoto: Hans Passecker, Preßbaum

Titel der englischen Originalausgabe
"The Healing Sound of Music"
First published by Findhorn Press in 2000

Übersetzt aus dem Englischen von Dr. J. Thommes, Österreich

www.ennsthaler.at

# INHALTSVERZEICHNIS

*Den inneren Frieden erreichen wir,*
*wenn wir liebevoll von uns selbst und*
*anderen denken.*
*Wenn wir solche positiven,*
*friedlichen Gedanken hegen, wird unsere*
*physische Wirklichkeit sich verändern*
*und friedlich und eins werden.*

# Vorwort

Wie oft haben Sie sich gefragt: „Warum bin ich hier?“ Weshalb entschieden Sie sich dafür (oder wurden Sie auserwählt), zu diesem Zeitpunkt auf diesen Planeten zu kommen? Sollten Sie ein weltberühmter Biologieforscher werden, den Friedensnobelpreis gewinnen oder die erste bemannte Mission zu den Sternen fliegen? Welche Auswirkung hat Ihre Anwesenheit auf dieser Erde in dem großen Plan aller Dinge? Sie haben sich das sicher gefragt. Wir kennen nur wenige Menschen, die sich nicht zumindest einige Augenblicke in ihrem Leben Zeit genommen haben, um über diese Frage nachzusinnen.

Meistens ist die Antwort eine Errungenschaft oder eine Leistung. Die Wölfe retten, eine Familie großziehen, eine internationale Vereinigung aufbauen. Das sind einige der Gründe, von denen wir annehmen, dass wir ihretwegen hier sind. Viele Menschen leisten Großes, manche haben sogar den Eindruck, dass sie das tun, wozu sie während ihres Aufenthaltes hier bestimmt sind. Doch diese Leistungen werden uns oft durch ein nagendes inneres Gefühl vergiftet, das Gefühl, dass etwas fehlt.

Den Lebensunterhalt verdienen, eine Familie großziehen oder vielleicht den Planeten retten, lässt wenig Zeit für Reflexion oder Seelenerforschung.

Wenn dieses „Etwas fehlt"-Gefühl unbeachtet bleibt, kann es gären und zu einer nagenden Unzufriedenheit, einer unerschütterlichen Depression oder sogar zu dem überwältigenden Drang davonzulaufen werden.

Manche Menschen flüchten sich in Alkohol und Drogen. Andere reisen zu fernen Orten, im Glauben, dass alles besser wird, wenn sie nur für zwei Wochen im Jahr den „vollkommenen Ort" finden können. Doch die vorübergehende Hochstimmung einer lustvollen Affäre, einer Designerdroge oder eines Spaziergangs am Strand von Jamaika sind ein schlechter Ersatz für die dauernde Hochstimmung echter Freude und echten Friedens, die von innen kommt.

Auch wenn es stimmt, dass viele Orte, zu denen wir reisen, wunderbar sind und uns sogar für eine Weile ein Gefühl des Friedens vermitteln können, kann die Rückkehr in den Alltag ein rauher Schock sein. Die Hochstimmung schwindet schnell. Das Gefühl ist weg. Dann bedarf es weiterer Drogen, mehr Geld, weiterer Anschaffungen, mehr exotischer Plätze und vielleicht sogar exotischer Menschen, um dieses Gefühl wieder zu erreichen. Die Unzufriedenheit kann sehr schmerzlich werden und tatsächlich zu Depressionen oder zu einer Reihe von körperlichen Leiden führen.

Wir verbrachten Jahre mit dem Versuch, die Leere zwischen materiellen Errungenschaften und wahrem Glück zu füllen. Wir waren ständig auf der Suche nach dem Endzweck, der endgültigen Errungenschaft, dem auffälligsten Auto, der größten Menge an wertlosen Dingen. Doch im Laufe dieser Suche sind wir auf eine Große Wahrheit gestoßen, und das war für uns eine Läuterung.

Wir lernten, dass die Erfüllung unserer Aufgabe auf Erden nicht nach dem Ausmaß oder der Zahl unserer Errungenschaften oder nach unserem materiellen Besitz gemessen wird. Die Freude, die wir selbst auf der Reise unseres Lebens fühlen und anderen bringen – das ist das wahre Maß unseres Verdienstes. Und der beste Weg, uns und anderen Freude zu bringen, ist in Frieden zu sein.

Den Frieden, den wir suchen, finden wir nicht auf einem Kreuzfahrtschiff oder in Einkaufszentren, nicht einmal tief in alten Redwoodwäldern. Er ist in uns. Und nur wenn unsere Seele wirklich in Frieden ist, können unser Körper und unser Geist die vollkommene Gesundheit, Freude und das Wunder erleben, das unser Geburtsrecht ist.

Alles, was diese menschliche Erfahrung bietet, ist zehn-, nein, tausendfach besser, wenn wir gesund und in Frieden sind. Die Schönheit eines Sonnenaufgangs, die Kunstfertigkeit eines Spinnennetzes, die Falten im

Gesicht Ihrer Großmutter, das alles wird eine Großartigkeit annehmen, die Sie nie für möglich gehalten hätten.

Die Reise zu innerem Frieden und Gesundheit ist eine persönliche Reise. Niemand kann Sie dorthin bringen, doch wir können Sie zum Tor führen. Durchschreiten Sie es nun mit uns und Sie werden lernen, die wundersamste Gabe des Universums zu nutzen – MUSIK, um zu heilen, zu lieben und um aufzubrechen zu Ihrer eigenen persönlichen Reise zu Gesundheit und Glück.

*Musik ist die harmonischste Stimme der Schöpfung;*
*ein Echo der unsichtbaren Welt;*
*eine Note in einem göttlichen Akkord,*
*in dem eines Tages das ganze Universum*
*ertönen wird.*

*Mazzani*

# Einleitung

## Grüße von Kate

Kürzlich wurde ich für einen Artikel einer Zeitung in Albuquerque, New Mexiko, interviewt und der Reporter fragte: „Was hat Sie dazu veranlasst, diese Arbeit zu beginnen? Warum die Harfe?“ Ich war dankbar für seine Fragen, denn sie brachten mich wirklich dazu, darüber nachdenken, wie wir zu all dem kamen.

Vor zehn Jahren war ich eine typische „Yuppie“-Geschäftsfrau. Ich war Inhaberin einer Dienstleistungsfirma, die Nachproduktionsarbeiten für die Filmindustrie übernahm. Ich hatte auch in einige kleine Unternehmen investiert, die mir mehr Zeit und Energie abverlangten, als ich ihnen zu widmen geplant hatte.

Ich war gestresst, ängstlich und ich hatte zahlreiche körperliche Probleme. Ich arbeitete zwölf Stunden am Tag, sechs oder sieben Tage in der Woche, und ich sah Richard kaum. Ich versuchte sporadisch und halbherzig, mir Klarheit über mein Leben zu verschaffen, indem ich über meine eigene Spiritualität und die Mysterien des Lebens nachdachte. Doch ich lernte nicht wirklich etwas daraus, und ich blieb gefangen in dem Leben, das ich mir aufgebaut hatte. Ich war immer auf der Suche nach dem nächsten Vertrag oder ich versuchte Angestellte zu beruhigen, die sich um irgend etwas sorgten.

Um ganz ehrlich zu sein, ich fühlte mich erbärmlich und ich suchte nach einem Ausweg. Doch ich konnte keine realisierbaren Alternativen erkennen; ich wurde zunehmend unglücklich und depressiv.

Und eines Nachts, als ich endlich zu Bett gehen konnte, lag ich da, weinend und betend. Ich bat Gott mir zu helfen. Ich konnte nicht mehr so weitermachen. Ich wusste, dass es im Leben noch etwas anderes geben musste. Ich weinte, bis ich schließlich erschöpft und in der Hoffnung auf ein Wunder einschlief.

In dieser Nacht hatte ich einen Traum. Ich spielte Harfe! In diesem Traum lachte ich, entspannt und glücklich. Als ich aufwachte, wusste ich, was ich zu tun hatte.

Am nächsten Morgen teilte ich Richard mit, dass ich unbedingt eine Harfe bekommen musste. Sie können mir glauben, um ein Haar wäre er an seinem Morgenkaffee erstickt! Doch als der hilfreiche Ehemann und Seelenverwandte, der er ist, sagte er, dass wir eine finden würden. Und das taten wir.

Wie kann ich das Gefühl beschreiben, das mich überkam, als meine kleine keltische Harfe ankam? Als ich die Versandkiste öffnete, sah ich zum ersten Mal eine Harfe wirklich aus der Nähe. Ich wusste nicht einmal, wie man sie hält. Doch als ich sie berührte, wusste ich, dass dies mein Schikksal war und dass es mein Leben irgendwie verändern würde.

Bald danach begann ich zu spielen, Richard nahm seine Gitarre zur Hand und spielte mit mir. Welch wunderbare Verbindung, wir genossen das Zusammengehörigkeitsgefühl, das dieses musikalischen Hobby uns schenkte.

Innerhalb eines Jahres gehörten meine körperlichen Probleme der Vergangenheit an. Ich lächelte wieder, und wir traten in Kaffeehäusern, schikken Restaurants und bei Festivals und in Shows auf. Kurz nach unserem ersten bezahlten Engagement verkaufte ich alle meine Unternehmen oder stellte sie ein und Richard schloss seine Agentur für Radiotalente. Wir verließen Kalifornien auf gut Glück und gingen nach Las Vegas, Nevada, wo Crosswynd startete.

Las Vegas mag vielleicht ein merkwürdiger Ort sein, um unsere Art von Musik zu spielen, doch es sollte so sein. Wo gibt es schließlich anderswo auf der Welt einen Ort, an dem wir für so viele Menschen hätten spielen und sie berühren können?

Als wir mehr über Spiritualität, Gesundheit und Musik lernten, versuchten wir, unsere Erkenntnisse und Erfahrungen in unsere tägliche

Arbeit als Entertainer einzubauen. Bald führten uns bestimmte Umstände und Zufälle zur Heilarbeit und wir begannen, Heilmusik zu praktizieren und den Menschen bei unzähligen Problemen zu helfen.

Wir verstanden nicht wirklich, wie diese Fähigkeit der Musik funktionierte, doch wir wussten, dass es dank ihr zu Heilungen kam. Den Menschen ging es physisch, emotional und spirituell besser, und wir waren dankbar, Teil ihrer Erfahrung zu sein.

Wir lernten das, was die Alten die ganze Zeit gewusst hatten ... dass Musik wesentlich ist für das Leben, die Gesundheit und das Glück. Und wir hatten das starke Gefühl, dass wir die Musik mit allen teilen mussten, nicht nur mit den wenigen, die wir tatsächlich persönlich trafen und unterrichteten.

Und so liegt nun dieses Buch in Ihren Händen. Lesen Sie es, spielen Sie die Musik, lernen Sie die wundersame Kraft der Musik zu nutzen, um den Frieden zu finden, der Ihren Körper heilen und Ihre Seele besänftigen wird.

In Liebe, im Licht und im Frieden durch die Musik

Kate Mucci
Santa Fe, New Mexico, September 1999

## Grüße von Richard

Jahrelang war ich der Meinung, dass die Musik für Frieden und Gesundung der letzte John-Denver-Song sei. Denn als Folk-Pop-Gitarrist und Sprecher bei einem Popsender drehte sich meine Welt um diese Musikszene.

Kurz nachdem ich Kate getroffen hatte, lernte ich die Musik kennen, die sie hörte, und die von Händel bis Neil Diamonds *„Jonathan Livingston Seagull"* [1] reichte. So etwas hatte ich noch nie gehört. Es war so tröstlich.

Später, als Kate begann, keltische Harfe zu spielen, hörte ich die gleichen friedlichen Töne in der Musik, die sie lernte. Ich legte meinen Stratocaster weg und nahm meine akustische Gitarre zur Hand. Wir begannen, gemeinsam diese Musik zu spielen, und das Ergebnis war zauberhaft. Wir wussten sofort, dass wir sie mit anderen teilen mussten.

In den ersten paar Jahren wussten wir die Art von Musik, die wir spielten und nun schrieben, nicht zu bezeichnen. Es war kein Pop, es war nicht keltisch, und es war nicht wirklich New Age. Bei dieser Musik ging es um ENERGIE! Es ging um Töne, Schwingungen, das Empfinden von Musik. Wir begannen nachzuforschen und mehr zu lernen über die Macht der Art von Musik, die wir spielten.

Ich erfuhr, dass über Tausende von Jahren Musik, Töne und Schwingungen verwendet wurden, um zu heilen, zu verändern und zu trösten. Musik war ein sehr großer Teil des Lebens und der Gesundheit. Doch an irgendeinem Punkt der menschlichen Entwicklung wurde die Musik beiseite geschoben. Sie wurde als bloße Unterhaltung gewertet, in Salons und Konzerthallen verwiesen, aus dem Heilprozess herausgenommen. Dieses wunderbare Werkzeug zur Besänftigung der Seele und zur Gesundung des Ichs blieb auf der Strecke; seine magischen Kräfte wurden vernachlässigt und sogar verboten.

1) Jonathan Livingston Seagull, CBS, Inc. 1973

Zum Glück wurde die Heilkraft der Musik nicht von allen vergessen. In vielen primitiven Kulturen wurde sie immer wieder bei Zeremonien, zur Heilung und für spirituelle Zwecke eingesetzt. In den letzten sieben Jahren entdeckten wir und Musiker wie wir diese geheime Kraft der Musik wieder.

Kate und ich erleben aus erster Hand, wie Männer und Frauen von Emotionen überwältigt werden, während sie unserer Musik horchen. Wir sehen, wie Menschen froh und von Frieden erfüllt werden. Kinder bleiben ruhig sitzen, beruhigt von den sanften Tönen.

In unserem Büro steht ein Aktenschrank. Er ist angefüllt mit Briefen von Menschen, die unsere Aufnahmen gekauft haben, Menschen aus allen sozialen Schichten, von allen Ecken und Enden der Welt. Sie erzählen uns, wie sie unsere Musik in Zeiten der Not als emotionale Stärkung oder zur Gesundung genutzt haben.

Beim Lesen dieser bewegenden Berichte wurde uns klar, dass diese reine, einfache, universelle Musik den Menschen viel mehr bot als nur eine angenehme Hörerfahrung. Unsere Musik half den Menschen. So stellten wir einen Großteil der Informationen, die wir nach Jahren der Forschung, des Abhaltens von Workshops und der Auftritte gesammelt hatten, zusammen und präsentieren Sie Ihnen hier, zusammen mit einer Ausgabe unserer CD *„Millennium"*.

Bitte nutzen Sie diese Informationen und diese Musik, um Ihren Körper zu heilen und Zugang zu finden zu Ihrem inneren Ich. Lassen Sie Ihre Kinder und Ihre Mitarbeiter daran teilhaben. Teilen Sie sie mit Ihrem verwirrten Teenager. Verwenden Sie dieses Buch und die beigefügte Musik wie eine tägliche Dosis Vitamine. Es wird Ihr Leben verändern und Ihnen auf einer wunderbaren Reise weiterhelfen … einer Reise zu Gesundheit und innerem Frieden.

Richard R. Mucci
Las Vegas, Nevada, September 1999

# Eine seltsame Eigenschaft des Weltraums

Zwischen 1977 und 1989 brachen Voyager 1 und 2 auf, um unser Sonnensystem zu erforschen. Was sie fanden, war höchst erstaunlich. Obwohl der Weltraum praktisch ein Vakuum ist und es üblicherweise heißt, dass in einem Vakuum kein Schall existieren kann, fanden Voyager 1 und 2 eine ganze Menge davon.

Schall besteht tatsächlich im Weltraum … *als elektronische Schwingungen.*

Diese Klänge werden von Solarwinden hervorgerufen, von der Magnetosphäre, von eingefangenen Radiowellen, von Interaktionen der geladenen Teilchen des Planeten, seiner Monde und von Emissionen geladener Teilchen aus den Ringen mancher Planeten.

Die NASA gab Aufnahmen heraus mit den Klängen, die die Voyagers auf ihrer Fünf-Milliarden-Meilen-Reise durch das Sonnensystem aufzeichneten und dabei unglaubliche Tonlandschaften erschufen. So fremd oder beklemmend sie auch klingen mögen, sind sie dem menschlichen Ohr doch gleichzeitig sonderbar vertraut.

In diesen elektronischen Tönen hören wir die Klänge vom Gesang menschlicher Stimmen, von Winden, Wellen, Vögeln und Delphinen. Schier unglaublich – man kann den Klang einer vom himmlischen Wind gespielten Harfe hören!

All das aus einem Vakuum?

*Musik ist Gottes bestes Geschenk an den Menschen,*
*die als einzige Himmelskunst, die der Erde geschenkt wurde,*
*die einzige Erdenkunst, die wir mit zum Himmel nehmen.*

*Charles. W. Landon*

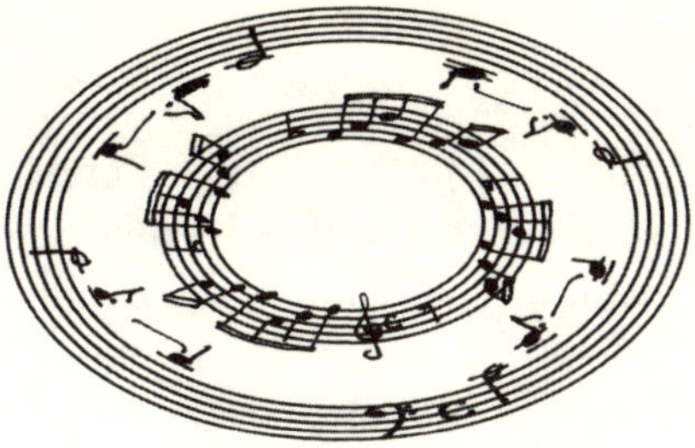

EINS

# Musik im Laufe der Zeit

*„Musik ist die Harmonie von Himmel und Erde*
*und gehört zum höheren spirituellen Reich."*

*Yueh Chi*

Wussten Sie, dass der größte Teil des chinesischen Zeichens für Medizin dem Zeichen für Musik entspricht? Und dass die Zeichen, die Musik und Glück darstellen, genau die gleichen sind? Diese Verbindung ergibt sehr viel Sinn, wenn man die Ehrfurcht versteht, die alte Zivilisationen der Musik und jenen, die sie schufen, entgegenbrachten.

Für diese Menschen war Musik unerlässlich zum Überleben. Musiker waren Schamanen, Ärzte, Heiler und Priester. Sie waren unverzichtbar. Der Musiker/Schamane wurde geachtet und verehrt. Im Gegenzug nahmen sie das spirituelle und physische Wohlergehen ihrer Befohlenen sehr ernst. Sie sahen in ihrer Heilarbeit eine spirituelle Übung. Musik und Ethik waren unentwirrbar miteinander verbunden, und sie wussten, dass ihre eigenen Absichten in Bezug auf die Musik und ihr Verhalten gegenüber jenen, die sie heilten, genauso wichtig waren wie die Musik, die sie spielten und die Zeremonien, die sie vollzogen.

Die Alten wussten, dass Musik und Klänge eine große Macht über die Welt des Geistes, die Welt der Natur mit den Pflanzen und Tieren und über das menschliche Leben hatten. Sie sahen in der Musik die Kraft, die in Geist und Körper des Menschen Harmonie schaffen konnte. Die Harmonie innerhalb der Gemeinschaft der Menschen – selbst in den Himmelskörpern – hing von Musik ab.

Die Mythen aller Kulturen behaupten, dass die Musik von Gott oder vom Himmel kam. Nie heißt es, dass sie von Menschen stammt. Klänge, insbesondere Musik, die man hier auf der Erde vernahm, waren lediglich der Widerschein von etwas, was jenseits der Welt, die sie kannten und verstanden, stattfand – eine Art Schwingungsenergie, die Grundlage war für alles Bestehende.

*„Musik, das größte Geschenk,
von dem die Sterblichen wissen,
und das, was wir auf Erden
vom Himmel besitzen."*

*Joseph Addison*

Weil Musik Trancezustände hervorrufen, heilen, Harmonie wiederherstellen und die Seele reinigen konnte, gab es bei den Kulturen von den Aborigines in Australien bis zum alten Griechenland große Mythen und Legenden, die ihre Kraft und ihren Zweck erklärten.

Viele alte Völker glaubten, dass das Universum vom Schall erschaffen wurde. Die Hopis glaubten, dass es ein Lied war, das die Welt erschuf; die australischen Aborigines glaubten, dass der Schöpfer mit einem Schilfrohr über die Meere schlug und so das Universum schuf. In der Mythologie der Indianer ist das gesamte Universum „am Schall aufgehängt". Für sie schafft der Schall Buchstaben, Worte, die Sprache und somit menschliches Leben.

Die griechische Mythologie ist voll von Hinweisen auf die beängstigende Macht der Musik. Apollo war der Sonnengott, doch er war auch der Begründer von Medizin und Musik. Er erfand die Lyra, und sein Sohn Orpheus war der erste, der darauf spielen lernte. Es war Orpheus, der die Bestien der Unterwelt mit seiner Musik beruhigte. Äskulap, ein anderer Sohn Apollos, schuf Heiltempel, in denen Musik und andere Künste eingesetzt wurden, um alle Arten von Krankheiten zu behandeln.

Weitere Geschichten über Musik liefert die Bibel. Dort wurden Engel und Harfen in Beziehung zueinander gesetzt. Oft wies Gott, entweder direkt oder durch seine Gesandten, sein Volk an, Musik zu nutzen, um seine Ziele zu erreichen und Ihn zu loben. Der letzte Psalm rät „Lobt Gott … mit dem Schall der Posaune, lobt ihn mit Harfe und Zither …" Sogar die Zukunft wurde durch Musik vorhergesagt, da die alten hebräischen Propheten ihre Prophezeiungen durch Gesänge mitteilten.

Die Geheimen Offenbarungen erwähnen Musik an vielen Stellen. Engel künden durch Posaunen die bevorstehenden Verwüstungen an, und die Weisen singen während der Offenbarung davon, was mit der Menschheit geschehen wird. Eine schreckliche Warnung erscheint bei der Beschreibung der Zerstörung Babylons: „… wird Babylon, die große Stadt, gestürzt und nicht mehr gefunden werden. Kein Klang von Harfenspielern und Sängern, Flötenspielern und Posaunenbläsern wird mehr in dir vernommen."

Auch der alte chinesische Kaiser Shun hätte dem zugestimmt, dass es ein schrecklicher Fluch wäre, keine Musik zu haben. Im zweiten Monat eines jeden Jahres brach er zu einer Reise auf, um sein Reich zu besichtigen. Er musste sicherstellen, dass alles in Ordnung war im Land. Doch Kaiser Shun maß die Lage seiner Nation nicht an Volkszählungszahlen oder eingenommenen Steuern oder am Lebensstandard seiner Untertanen.

Der Kaiser bereiste jede Region seines Landes und maß deren Zustand, indem er die genauen Tonhöhen ihrer Musiknoten prüfte. Er vergewisserte sich, dass die ersten fünf Noten der alten chinesischen Tonleiter in allen Regionen auf exakt der gleichen Tonhöhe lagen. Wenn die Regionen unterschiedlich gestimmt waren, glaubte er, dass sie auseinanderfallen würden. Wenn die Musik nicht einheitlich war, war das Land nicht geeint.

Was die Musik selbst betraf, so war ihr Inhalt ebenso wichtig. Der Kaiser horchte sorgfältig auf die Art der Lieder, die gesungen wurden. Er wusste, wenn die Lieder vulgär oder profan waren, so war der Niedergang seines Kaiserreiches nicht weit. Shun wäre überhaupt nicht überrascht gewesen, hätte er von dem Chaos erfahren, das eine bestimmte Musik vor fast zweitausendfünfhundert Jahren in Griechenland anrichtete.

Ungefähr zur Zeit des Perikles, als die griechische Kunst und Kultur auf ihrem Höhepunkt waren, tauchte eine neue Musik auf. Die Musik wich wild von ihrer reinen, klassischen Form ab und wurde unharmonisch, übermoduliert und rebellisch. In einem Zeitraum von nur etwa zwanzig Jahren begannen sich die Auswirkungen der neuen Musik zu zeigen.

Sie erschütterte die Grundfesten der Gesellschaft und kulminierte in einer politischen Revolution. Nach der Revolution von 404 vor Christus wurden die musikalischen Rebellen sogar noch unverfrorener und barbarischer, und sie schrieben Liedertexte, die jenen einiger moderner Lieder von heute auf unheimliche Art ähneln:

> „Ich singe nicht von den alten Dingen,
> weil die neuen die Gewinner sind.
> Der junge Zeus ist heute König;
> einst regierte Chronos,
> fahr zur Hölle, alte Dame Musik."
> Timotheus von Milet

Es dauerte nicht mehr lange, bis Griechenland als Weltmacht verschwand und seine Stellung von den Römern usurpiert wurde. Es wird interessant sein zu beobachten, ob die gegenwärtigen Musiktrends weniger verheerende Auswirkungen auf die moderne Gesellschaft haben werden.

*„Schon Worte sind wunderbar;*
*doch Musik ist noch mächtiger.*
*Sie spricht nicht zu unseren Gedanken, wie Worte dies tun;*
*sie spricht unmittelbar zu unserem Herzen und unserem Geist;*
*zum Grund und zu den Wurzeln unserer Seele."*

*Charles Kingsley*

Wir glauben, dass das, was uns am stärksten von Tieren unterscheidet, die Tatsache ist, dass wir sprechen können. Doch Worte und Sprache waren nicht automatisch ein Teil von uns. Nur allmählich entwickelte die Menschheit die Sprache. In unserem menschlichen Ohr befinden sich im Innenohr winzige Härchen, die Zilien. Forscher haben herausgefunden, dass ungefähr zwei Drittel dieser Flimmerhärchen nur auf Musikfrequenzen reagieren und schwingen. Das bedeutet vermutlich, dass sich die frühen Menschen in einem Zustand entwickelten, in dem Kommunikation vorwiegend durch Gesang und Musik erfolgte.

Manche Forscher sind der Meinung, dass es einmal ein universelles Alphabet gab. Es bestand aus nur einem oder zwei Tönen plus rhythmischen Mustern, die jeder auf der Welt verstehen konnte. Denken Sie daran, wie Sie ein Haustier oder ein Kind rufen: BOB-by, SU-sie, FLUF-fy. Der singende Tonfall, in dem die Sprache verwendet wird, ist ebenso Teil der Bedeutung wie die Wörter selbst.

Eine andere interessante Tatsache ist, dass fast alle Menschen auf der ganzen Welt eine Sequenz von drei Noten erkennen, wie die, mit der *Ringelringelreia* oder *Funkel, funkel kleiner Stern* beginnen. Können Sie sich an die Notenfolge erinnern, die in *Unheimliche Begegnungen der dritten Art* jene summten, die Aliens begegnet waren? Die Wissenschaftler, die später versuchten, mit den Aliens zu kommunizieren, verwendeten diese Noten und erhielten eine Antwort. Wenn es so etwas wie eine universelle Sprache gibt, glauben wir, dass sie aus Musiknoten bestehen müsste.

Selbst als die gesprochene Sprache relativ verfeinert wurde, scheint es einen Bedarf für weitere Kommunikation gegeben zu haben. Worte reichten den Menschen einfach nicht, um ihren am tiefsten empfundenen Gedanken und Emotionen Ausdruck zu verleihen. Denken Sie daran, wie oft ein Lied verwendet wurde, um Dinge auszudrücken, die mit Worten nicht gesagt werden konnten.

Minnesänger, die im Mittelalter durch die Lande zogen, verbreiteten Neuigkeiten durch ihre Lieder. In Zeiten, in denen die Menschen weder lesen noch schreiben konnten, waren diese Entertainer die einzige Informationsquelle über die Außenwelt, und die Leute erinnerten sich an das, was gesagt wurde, weil es ein Lied war. Mit ein wenig musikalischer und poetischer Ausschmückung wurde für Generationen Geschichte aufgezeichnet.

Und so war es die Musik, die der Kommunikation, den Übergangsriten und den Zeremonien, die die frühen Menschen entwickelten, um ihre Gesellschaft zu zivilisieren, eine zusätzliche Dimension verlieh. Musik, Sprechgesänge, Tanz und Rituale waren alle sehr wichtig für die Ureinwohner vieler Länder.

Von der Geburt bis zum Tod, für Bettler wie für Prinzen, war das Leben von Musik begleitet.

## Eine musikalische Verbindung zu Gott

*„Musik kommt vom Himmel,*
*Rituale werden nach irdischer Art geformt."*

*Nach den alten Texten der Li chi*

Wenngleich Musik ein ausgesprochener Gewinn für die rituelle Überhöhung und für die Kommunikation war, so bedeutete ihre Fähigkeit, die Menschen direkt mit Gott zu verbinden, den frühen Menschen noch viel mehr. In den Pyramiden Ägyptens gibt es eingemeißelte Darstellungen von harfe- und flötespielenden Musikern. Es werden auch Tänze dargestellt, üblicherweise im Zusammenhang mit irgendeiner Art von Zeremonie oder Ritual. Alte Steinzeichnungen an den Wänden von Höhlen in der ganzen Welt stellen Flöten und Trommeln dar, auf denen bei Zeremonien gespielt wurde. Neben den Schamanen oder Priestern wurden in dieser alten Kunst oft Geisterwesen dargestellt.

Angesichts der weiten Verbreitung dieser ritualisierten Kunst scheint es wahrscheinlich, dass diese Kulturen Musik als eine wesentliche Verbindung zur geistigen Welt betrachteten. Und nachdem in vielen Kulturen nichts wichtiger schien als die Verbindung mit dem Geist, wäre daraus zu schließen, dass Musik eine grundlegende Rolle in ihrem Leben spielte.

Diese musikalische Verbindung zu Gott oder dem Schöpfer war in Kulturen der gesamten Welt offensichtlich. Sprechgesang, eine der dauerhaftesten Formen des musikalischen Ausdrucks, ist eingebettet im Heiligen. Sei es ein tibetischer Mönch, der eine oder drei Tonhöhen gleichzeitig singt, ein Yogi, der OM anstimmt oder ein Indianer, der unter dem Sternenhimmel eine Melodie mit drei Noten singt, der Gesang bot eine direkte Verbindung zur Quelle von Allem, Was Ist.

*„Höre, mein Sohn, auf die Weisung des Meisters,*
*neige das Ohr deines Herzens."*

*Einleitende Worte,*
*Die Regel des heiligen Benedikt*

Selbst heute noch sind die Gesänge der Benediktiner und der tibetischen Mönche sehr beliebt. Ganz gleich, was unser Hintergrund sein mag – christlich, buddhistisch, indianisch – wir alle kennen den Sprechgesang. Er weckt in uns ein Gefühl der Ehrfurcht. Wir glauben, dass diese Ehrfurcht aus dem tiefen Gefühl kommt, das uns der Gesang vermittelt, aus dem Gefühl, mit etwas verbunden zu sein, das bedeutender ist als wir selbst.

Wir alle brauchen das Gefühl, dass da noch mehr ist. Wir brauchen das Gefühl, dass es etwas gibt jenseits dessen, was wir jeden Tag sehen und spüren. Wir brauchen das Gefühl einer Verbindung zu Allem, Was Ist, denn es ist diese Verbindung, die unser Gefühl für die Sinnhaftigkeit und für unser Ich nährt.

Doch Musik war nicht nur zum Lob Gottes bestimmt oder dazu, die Verbindung zu Ihm zu fördern. Zahllose Kriege wurden im Namen Gottes geführt, und es wurde viel aufwühlende Musik geschrieben, um Soldaten in die Schlacht zu treiben in Seinem Namen.

Musik, die Gott und die Heilige Katholische Kirche verherrlichte, stärkte den Geist der Kreuzfahrer. Wenn primitive Kämpfer zur Schlacht rüsteten, war das Tanzen, Trommeln und Singen für den Großen Geist ebenso wichtig wie die Vorbereitung der Waffen und Schlachtpläne, um den Sieg zu sichern.

Sogar relativ moderne Lieder wie *Onward Christian Soldiers*[2] oder *The Battle Hymn of the Republic*[3] beschreiben den Kampf, zur Rettung von Seelen, als einen Krieg, der in Namen Gottes geführt wird.

Von den Gesängen der alten, in Ägypten versklavten Hebräer bis zu den Spirituals der Afrikaner, die nach Amerika gebracht wurden, um auf den Baumwollfeldern zu arbeiten, war Musik ein Flehen zu Gott um Rettung. Auch wenn Musik ihre Not nicht wirklich gelindert hat, vermittelte sie doch den Geknechteten eine Verbindung zu ihrem Gott und war eine Möglichkeit, ununterbrochen um Hilfe zu beten. Es war ihre Art, der Angst, der Isolation und dem Kummer Ausdruck zu verleihen.

Haben Sie jemals einen Gottesdienst in einer Baptistenkirche im Süden besucht? Wenn ja, werden Sie nie wieder die Energie vergessen, die von der mitreißenden Musik ausgeht, die ein so wichtiger Teil des Gottesdienstes ist. Ekstase, Lob und die Liebe zu Gott durchdringen während eines solchen Gottesdienstes jede Zelle Ihres Körpers. Während einer solchen Erfahrung zweifeln Sie nicht daran, dass Musik eine direkte Verbindung zum Schöpfer darstellt.

## Musik, heute und morgen

Unglücklicherweise ging die starke musikalische Beziehung zueinander und zum Kosmos in der modernen westlichen Gesellschaft zum Großteil verloren. Mit dem Aufkommen der medizinischen Institutionen, der Pharmakonzerne und der Psychotherapie wurde die Musik in die Geschichtsbücher verbannt – als eine originelle Therapie, von Hexendoktoren und Voodoo-Häuptlingen praktiziert. Ihr Status und jener der Menschen, die Musik machten, sank von überschwänglich verehrt zu lediglich toleriert herab. Mit wenigen Ausnahmen wurde Musik auf eine gewisse Weise zu bloßer Unterhaltung degradiert. Doch obwohl ihre Kraft von den medizinischen und psychologischen Institutionen der modernen Zeit größtenteils ignoriert wurde, hörte die Musik nicht auf, die Menschen zu beeinflussen oder ihre Emotionen und ihr Leben wiederzuspiegeln.

Denken Sie an die Songs der sechziger Jahre – Flower Power, Frieden und Liebe. Songs wie *Blowin` in the Wind*[4] und *What the World Needs Now, is*

*Love, Sweet Love*[5] stießen mit der Schweinebucht und dem Krieg in Vietnam zusammen. Das Mantra der Zeit war „Frieden", ausgedrückt durch Musik, doch das Land befand sich im Krieg. Die Verwirrung der Musik spiegelt die Verwirrung der Zeiten. Krieg, Frieden, Liebe, Angst. Alles warf man dieser Generation hin, und es wurde in der Musik reflektiert.

Sehen Sie sich die heutige Musik an. Wie könnte sie noch bezeichnender sein für die Gesellschaft, in der wir leben? Gangster-Rap lärmt aus der Stereoanlage eines Autos direkt neben einem Allradfahrzeugs, in dem The Doors spielt. Christlich geprägter Rock ist zusammen mit New-Age-Musik populär geworden. Unsere Musik ist so vielfältig wie unsere Gesellschaft.

Und auch wenn die Regierung die Musik nicht formell als eine Kraft in der Gesellschaft anerkennt und in den Vereinigten Staaten von Amerika, Musik aus dem wichtigsten Gesellschaftsbereich, den öffentlichen Schulen, ausklammert, formt Musik so in Wirklichkeit unser Leben. Wenn wir physisch und spirituell gesund sein wollen, müssen wir sorgfältig bedenken, welche Art von Musik wir in unser Leben einlassen.

Wir werden später weiter ausführen, wie negative Musik uns beeinflusst, doch wichtig ist, daran zu denken, dass wir kontrollieren können, was wir hören. Wir können unsere medizinischen Institutionen, das Bildungssystem und sogar das vereinte Amerika ermutigen, positive Musik in unseren Lebens- und Arbeitsraum einzubinden.

Jahrhundertelang wurde Musik genutzt, um Kulturen unversehrt, intakt und stark zu erhalten. Die Gesundheit einer Gesellschaft wurde durch die Kraft der Musik kontrolliert und intakt gehalten. Auf diese Weise kann sie wieder genutzt werden und zu gesunden Individuen und einer modernen Kultur führen, die in Frieden sind.

*„... die erste Aufgabe der Musik ist,*
*das Leben zu vervollkommnen und zu erhöhen."*
*Carlos Santana*

2) Onward Christian Soldiers, 1864 von Sabine Baring-Gould für eine Prozession von Schulkindern geschrieben, treibt die Armee der Christen zur Eroberung des ewigen Gottesreiches an [Anm.d.Ü.]

3) Battle Hymn of the Republic, 1862, Julia Ward Howe, bekanntes Lied aus der Zeit des amerikanischen Bürgerkrieges [Anm.d.Ü.]

4) Blowin` in the Wind, Bob Dylan, 1962 © Warner Bros., Inc.

5) What the World Needs Now, is Love, Sweet Love, David and Bacharach, 1965 © Casa David and New Hidden Valley Music

*Musik
schafft Ordnung
aus dem Chaos.*

*Yehudi Menuhin*

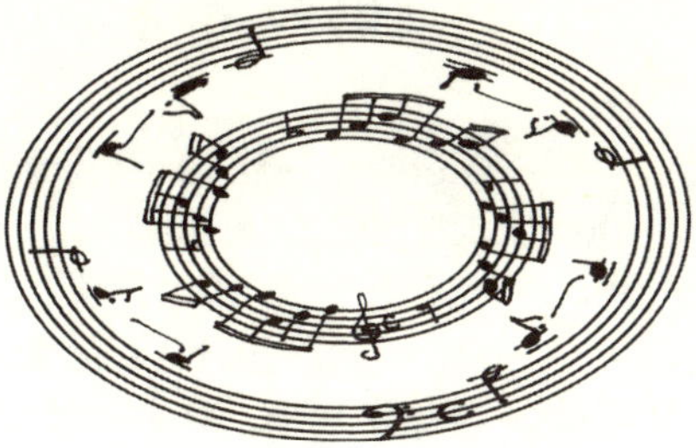

ZWEI

# Musik – die Kunst der Schwingungen

*„Keine musikalische Schwingung geht jemals verloren …*
*Sie wird im Kosmos weiterschwingen*
*bis in alle Ewigkeit."*

*Joselyn Godwin 1991*

Jedes materielle Ding – jede Person, jedes Tier, jeder Fels und jeder Baum der Erde, sogar Mutter Erde selbst – besitzt seine eigene Resonanzfrequenz. Das elektromagnetische Feld der Erde, der weite Raum und Menschen im Meditationszustand schwingen alle bei einer Frequenz von ungefähr 7,8 Hertz, bezeichnet als Schumann'sche Schwingungsfrequenz.

Jede Zelle in jedem Menschen, jedem Felsen und jedem Baum besitzt ebenfalls ihre eigene, natürliche Resonanzfrequenz, die im Idealfall in Harmonie mit der Einheit als Ganzes ist. Jeder Ton, von der Zartheit einer reinen Musiknote bis zum harten Bellen einer Waffe, sendet eine Energiewelle aus. Diese Welle schwingt in ihrer eigenen Frequenz, die dann alles auf ihrem Weg beeinflusst.

Bei menschlichen Wesen ist es das ausgewogene Zusammenspiel aller Frequenzen, die in unserem und durch unseren Körper schwingen, das uns funktionieren lässt. Wenn unsere Frequenzen im Gleichklang schwingen, sind wir gesund. Es geht uns gut und wir sind verbunden mit unserem eigenen Ich und jenen, die uns umgeben. Wir sind „im Einklang".

Für Wale und Delphine ist es wesentlich, in vollkommener Harmonie zu schwingen. Wenn diese Wesen nicht miteinander im Einklang sind, können sie nicht kommunizieren. Die Fortpflanzung und das Überleben hängen vollständig von dieser Fähigkeit ab, den „Gesang" des anderen zu erkennen und auf ihn zu antworten.

Für Menschen ist dieser Punkt nicht ganz so kritisch, doch wenn wir „verstimmt" sind, können daraus viele Probleme entstehen. So wie alle Musiker in einem Orchester aufeinander abgestimmt sein müssen, damit die Musik gut klingt, so müssen auch alle unsere Zellen miteinander im Einklang sein, damit es uns gut geht. Und genauso wie eine ganze Reihe von Dingen ein Musikinstrument verstimmen können, wie Veränderungen der Temperatur, Feuchtigkeit oder ein plötzlicher Schlag, so können auch eine Menge Dinge die Zellen in unserem Körper aus dem Einklang bringen.

Ein gutes Beispiel für die physische Wirkung von Schwingungsenergie ist das Kratzen von Fingernägeln auf einer Kreidetafel. Dieses kratzende Geräusch ruft physische Veränderungen in jedem hervor, der es hört. Wir beißen die Zähne zusammen und die Nackenhaare stellen sich auf. Der Ton selbst produziert eine Frequenz, die die Schwingungsrate in den Zellen des Körpers, der ihm ausgesetzt ist, negativ beeinflusst.

Haben Sie jemals ein Ultraschallgerät verwendet, um Nagetiere oder Insekten zu vertreiben? Diese Geräte arbeiten mit reinem Schall. Ihre Frequenzen produzieren Töne, die nur die Schädlinge hören können und die auf sie vollkommen abstoßend wirken. Die Töne schaffen eine ausgeprägte physische Reaktion und die Schädlinge huschen davon.

Geht es Ihnen nicht so, wenn Sie unangenehme Töne hören? Sie versuchen, ihnen zu entkommen. Wenn Sie das nicht können, reagiert Ihr Körper negativ auf diese Töne. Die offensichtlichen Dinge bemerken wir sofort – wir halten uns die Ohren zu, verspannen uns oder werden nervös. Doch die Auswirkungen gehen weit über diese offensichtlichen Reaktionen hinaus.

Wissenschaftliche Tests zeigen, dass das Bombardieren des Körpers mit unangenehmen Geräuschen tatsächlich den Blutdruck, den Puls und die Atmungsfrequenz erhöht. Der Magnesiumgehalt des Blutes fällt und es wird zusätzliches Fett ins Blut freigesetzt.

Musik ist eine Möglichkeit, Schwingungen in reiner Form zu erleben. Musik ist die Kunst der Schwingungen. Ob sie eine positive oder eine negative körperliche Auswirkung hat, hängt davon ab, wie sie arrangiert und vorgetragen wird. Die Schallquelle, die Lautstärke, sogar die Reinheit des Tones ist wesentlich für die physische Wirkung, die er auf den menschlichen Körper und auf alle Lebewesen hat.

## Gute Schwingungen für Pflanzen

Jeder kennt die Geschichten von Hauspflanzen, die sich wie durch ein Wunder erholten, wenn in ihrer Nähe Musik gespielt wurde. Vielleicht haben Sie selbst schon versucht, Ihrem Philodendron Mozart vorzuspielen. Das ergibt durchaus einen Sinn, wenn Sie verstehen, dass alles seine eigene natürliche Resonanzfrequenz besitzt und dass verschiedene Musikfrequenzen unterschiedliche Auswirkungen auf die Dinge haben. Die wissenschaftliche Forschung hat diese Tatsache bestätigt, insbesondere für Pflanzen.

Ein Forscher in Minnesota stellte fest, dass landwirtschaftlich genutzte Pflanzen einschließlich Getreide in einem erstaunlichen Ausmaß reagierten und wuchsen, wenn man sie dem Klang eines Sitars, einem traditionellen Saiteninstrument aus Indien, aussetzte.

Ein anderer Forscher in Denver, Colorado, verglich die Wirkungen, die verschiedene Arten von Musik auf Pflanzen hatten. Wir finden diese Forschung sehr interessant.

Pflanzen wurden in fünf identischen Gewächshäusern untergebracht. Boden, Licht und Wasserbedingungen ebenso wie die Pflanzenarten waren in allen Gewächshäusern gleich. Mehrere Monate lang spielte der Forscher verschiedene Arten von Musik in jedem der Gewächshäuser: Im ersten wurde Bach gespielt, im zweiten indianische Musik, im dritten laute Rockmusik und im vierten Country und Western. Im fünftem Gewächshaus wurde überhaupt keine Musik gespielt.

Die Pflanzen in dem Gewächshaus, in dem nur laute Rockmusik gespielt wurde, gediehen überhaupt nicht gut. Ihr Wachstum war gehemmt und sie bekamen keine Blüten. In den Gewächshäusern mit Musik von Bach und indianischer Musik waren die Pflanzen grün und gesund, mit vielen Blüten. Die Pflanzen, die Country- und Western-Musik hörten, wuchsen wie jene ohne Musik, mäßig schnell und mit einer normalen Blütenzahl.

Es scheint nicht wahrscheinlich, dass die Pflanzen eine emotionale Reaktion auf die Musik zeigten; es muss etwas in der tatsächlichen Schwingungszahl, in der Frequenz der Schallwellen gewesen sein, was ihr Wachstum beeinflusste. Wenn Musik eine so tiefe Wirkung auf relativ einfache Organismen hat, wie muss sie dann erst komplexere Systeme beeinflussen?

*„Durch Schall ist es möglich,*
*geometrische Figuren im Sand zu bilden*
*und Dinge zu zertrümmern.*
*Um wie viel stärker muss dann*
*die Wirkung dieser Kraft*
*auf die schwingende, lebendige Substanz*
*unseres empfindlichen Körpers sein."*

*Roberto Assagioli, Dr. med.*

## Ordnung und Unordnung

Sie können die Auswirkungen, die verschiedene Töne auf andere Substanzen haben, tatsächlich sehen. Stellen Sie ein großes Glass Wasser neben einen Stereolautsprecher. Schalten Sie die Musik ein und beobachten Sie, wie sie das Wasser bewegt. Wenn Sie Gelegenheit dazu haben, besuchen Sie ein interaktives Museum. Es gibt dort normalerweise Objekte, an denen Sie mit Schall experimentieren können, und Sie können seine Wirkung an Substanzen wie Sand, der auf einem Trommelfell ausgestreut ist, oder Sägemehl oder Späne auf einer Säge oder einem Stück Metall beobachten. Wenn das Material verschiedenen Arten von Tönen – Musik, Sägegeräuschen und so weiter – ausgesetzt wird, nimmt es unterschiedliche Muster an, weil die verschiedenen Frequenzen, oder Längen der Schallwellen, diese Substanzen auf ihre jeweilige Art und Weise beeinflussen.

Ein berühmter Forscher, Hans Jenny, studierte diese Formationen sorgfältig. Er machte viele Aufnahmen der wunderschönen, symmetrischen Formen, die Pulversubstanzen auf einer Oberfläche bildeten, die durch Schall, besonders durch Musik, in Schwingung versetzt wurde. Er bewies und belegte visuell die Tatsache, dass Schall aus dem Willkürlichen Ordnung schafft. Doch was ist, wenn der Schall Unordnung hervorruft?

Wir haben alle von Menschen gehört, die in der Lage sind, Noten zu singen, die Glas zerspringen lassen. Wenn ein Düsenflugzeug die Schallmauer durchbricht, verursacht dies einen Knall, durch den Kilometer im Umkreis die Fensterscheiben brechen. Das ist es, was passiert, wenn Schall auf einer sichtbaren Ebene Unordnung verursacht. Bedenken Sie nun die Unordnung, die solche Schwingungen in unserem Körper hervorrufen, wo wir ihre Auswirkungen nicht sehen können.

## Der Schall und der menschliche Körper

Stellen Sie sich alle Töne vor, die Sie jeden Tag hören. Das Läuten eines Weckers, Flugzeuge, die über unseren Kopf hinwegfliegen, Lastwagen und Busse, die vorbeiknattern, die laute Musik, die aus Megabass-Lautsprechern aus dem Auto dröhnt, das neben Ihnen an der Ampel hält. Fernsehgeräte, Telefone, bellende Hunde, spielende Kinder, Sirenen, arbeitende Maschinen. Stellen Sie sich all die unterschiedlichen Frequenzen vor, die solche Geräusche aussenden.

Bedenken Sie nun alle Frequenzen, die Sie nicht hören können. Das menschliche Ohr hat einen sehr begrenzten Hörbereich. Schallwellen oberhalb und unterhalb dieses Bereiches werden physisch nicht wahrgenommen, dennoch beeinflussen sie die Schwingungsrate in unserem Körper. Ein Beispiel für unhörbaren Schall ist die Radiowelle. Diese Töne können wir nur hören, wenn wir ein Empfangsgerät haben, mit dem wir sie aufnehmen können, doch sie sind ständig da. Hunderttausende davon dringen in unseren Körper ein und bombardieren ihn und unsere einzelnen Zellen jede Sekunde, jede Minute, jeden Tag unseres Lebens. Das Problem ist, dass viele dieser Frequenzen dem menschlichen Körper Schaden zufügen. Sie verändern buchstäblich die natürliche Resonanz unserer DNA und verändern unsere Zellstrukturen.

Wenn Sie zehn Stimmgabeln haben, die alle auf die gleiche Frequenz gestimmt sind, und wenn Sie eine anschlagen, so werden sie beginnen, zusammen zu schwingen. Wenn Sie jedoch eine Stimmgabel anschlagen, die anders gestimmt ist, und sie in die Nähe der anderen bringen, so werden sie alle aufhören zu schwingen. Nun, wenn diese dissonanten Frequenzen die Schwingung einer einfachen Stimmgabel stoppen können, wie müssen sie dann erst das empfindliche Gleichgewicht des menschlichen Körpers beeinflussen?

Als erstes können sie unseren Ohren physisch schaden. Die Menschen in der modernen Gesellschaft weisen einen hohen Grad an Gehörverlust auf. Ob die Frequenzen von einem zufälligen Geräusch wie von Düsenflugzeugen oder von Rockmusik, die aus ganzen Stapeln von Verstärkern dröhnt, herstammen, die Schwingungen können wirklich das empfindliche Gewebe beschädigen, das uns erlaubt, zu hören.

Der körperliche Schaden wird jedoch in den Schatten gestellt durch die sozialen Auswirkungen eines Gehörverlustes. Konversationen werden schwierig, Filme machen nicht mehr annähernd so viel Spaß, sogar Autofahren bekommt eine zusätzliche Gefahrendimension. Viele Menschen, die an Gehörverlust leiden, werden niedergeschlagen und ziehen sich zurück, einfach weil es zu schwer ist, zu kommunizieren.

Die Ohren sind nicht der einzige Körperteil, der unter kreischenden, lauten oder dissonanten Tönen, einschließlich mancher Arten von Musik, leiden. Wenn sie einer Vielzahl von Instrumenten und Stimmen, einem unregelmäßigen Takt und der elektronischen Verzerrung der Noten selbst ausgesetzt ist, wird die Resonanzfrequenz des menschlichen Körpers ins Chaos gestürzt. Die Organe schwingen nicht mehr im Einklang mit dem

Nervensystem, das nicht mehr Schritt halten kann mit der Atemfrequenz, was sich wiederum auf den gesamten Organismus auswirkt.

Ist es verwunderlich, dass so viele von uns gestresst, müde und gereizt sind? Unsere Zellen schwingen auf unregelmäßigen Ebenen, nicht im Einklang miteinander. In fortgeschrittenen Fällen kann diese Bombardierung mit Frequenzen viele physische Veränderungen bewirken und zu Krankheiten im Körper führen. Wie können Sie dieser heimtückischen Invasion durch Töne entgegenwirken?

Sie tun es, indem Sie sich der Frequenzen bewusst werden, die die eigene Resonanzfrequenz Ihres Körpers stören, sie eliminieren und sie schließlich durch Frequenzen ersetzen, die eine positive Auswirkung auf den Körper haben.

*„Denn Musik ist überall dort,*
*wo Harmonie, Ordnung oder Gleichmaß besteht.*
*Und insofern können wir vielleicht*
*die Musik der Sphären aufrecht erhalten.“*

*Sir Thomas Browne*

## Die Körperfrequenzen im Gleichgewicht halten

Es gibt viele Therapeuten, die Schallgeneratoren und Schallwellengeräte verwenden, um den Menschen zu helfen, ihre Körper bei optimalen Frequenzen schwingen zu lassen. Sie könnten es mit diesem Ansatz versuchen, doch das kann sehr teuer und dort, wo Sie leben, vielleicht schwer erreichbar sein. Welche anderen Möglichkeiten haben Sie?

Die leichteste und erfreulichste ist MUSIK. Technisch gesehen ist Musik nichts anderes als eine Reihe von Noten oder Tönen, die in einem mathematisch genauen und ästhetisch angenehmen Muster angeordnet sind. Töne sind nur einige der dutzenden Arten von Schallschwingungen, die sich zu einer bestimmten Zeit durch die Luft, das Wasser oder feste Gegenstände bewegen. Ob wir sie hören oder nicht, diese Wellen schwingen andauernd durch uns hindurch.

Wenn Sie die Resonanzfrequenz Ihres Körpers verändern wollen, ist Musik hören oder Musik machen sehr wirksam. Den beruhigenden Klängen von Sprechgesängen, indianischer Flöte, Harfe oder synthetischen Saiten zu horchen ist eine großartige Möglichkeit, den Körper in seinen eigenen, natürlichen Zustand zurückschwingen zu lassen.

Lassen Sie sich ruhig in einem gemütlichen Sessel nieder und hören Sie wirklich *Millennium*, die in diesem Buch enthaltene CD. Wir haben diese Musik beigefügt, weil sie rein ist. Die Melodien sind einfach, die Arrangements unkompliziert. Sie können auf jedes Instrument hören und seine Auswirkung auf Ihren Körper spüren.

Diese Erfahrung wird noch verstärkt, wenn Sie gepolsterte Kopfhörer, die das ganze Ohr abdecken, tragen, denn dann erleben Sie die volle Wirkung aller Frequenzen in der Musik. Darüber hinaus blockt es alle hörbaren Laute ab, die einen Missklang hervorrufen könnten. Schließen Sie die Augen. Blenden Sie jeden Sinneseindruck aus, abgesehen von dieser Musik.

Jedes Lied hat einen anderen Frequenzbereich, verschiedene Melodien, und sie werden in Ihnen unterschiedliche physische Reaktionen hervorrufen. Lassen Sie Ihren Körper auf die Frequenzen reagieren. Schließen Sie die Augen und atmen Sie tief. Achten Sie darauf, wie Ihr physischer Körper sich verändert. Er wird sich augenblicklich entspannen. Ihr Blutdruck, Ihr Herzschlag und Ihre Atmung werden sich verändern.

Wenn Ihr Körper ruhig ist – in einer ausgeglicheneren Frequenz schwingt –, werden Sie erstaunt sein, wie verändert die Dinge erscheinen. Situationen, die Ihnen Sorge bereitet, oder Menschen, über die Sie sich geärgert haben, werden einfach nicht mehr so wichtig sein. Sie werden viel freier sein, Ihre eigenen Gedanken zu denken und Ihre wahren Gefühle zu erleben, weil Sie nicht von Energien beherrscht werden, über die Sie keine Kontrolle haben.

Eine andere ausgezeichnete Methode, den physischen Körper zu beruhigen, ist es auf einen reinen Takt zu hören. Jeder wiederholte Laut, wie ein Metronom, ein Herzschlag oder konstantes, gleichmäßiges Trommeln hat eine regulierende Wirkung auf die biologische Arbeit des menschlichen Körpers. Gehen Sie in einen Musikladen und kaufen Sie ein altmodisches Holzmetronom. Stellen Sie es auf „Largo" ein, ungefähr 40 Schläge pro Minute. Dieser langsame, beruhigende Rhythmus hat einen hypnotisierenden Effekt. Nach ungefähr zehn Minuten werden Sie feststellen, dass Sie in einem entspannten Zustand sind. Selbst das Ticken einer altmodischen Uhr kann sich regulierend auf Ihren Körper auswirken.

Wann immer Sie sich überreizt oder irritiert fühlen, halten Sie inne. Analysieren Sie, was Sie stört. Sie werden staunen, wie oft es ein Laut ist – Musik, Maschinen, vielleicht Stimmen. Wenn Sie das Geräusch nicht eliminieren oder ihm entkommen können, werden Sie zumindest erkennen, dass es ein Geräusch ist, das Sie stresst oder beunruhigt, und nicht irgendein unbekanntes Element.

Sie können einer Überbelastung durch Geräusche durch Summen entgegenwirken. Wenn Sie in der U-Bahn oder im Bus oder auch im eigenen Auto reisen müssen, oder wenn Sie in einer Fabrik mit lauten Maschinen arbeiten, können Sie Ihrem Körper durch Summen helfen, in einer optimalen Frequenz zu schwingen. Sie brauchen nicht so laut zu summen, dass es alle hören können, nur laut genug, um es in Ihrem eigenen Körper zu spüren. Während Sie summen, werden Sie feststellen, dass Sie Töne erzeugen, durch die Ihr Körper sich wohler fühlt, und das Geräusch, dem Sie nicht entkommen können, wird Sie nicht mehr so sehr belästigen. Versuchen Sie es.

*„Keiner soll eintreten,*
*der den Rhythmus der Erde nicht kennt"*

*Inschrift über dem Eingang zu*
*Platos Akademie in Athen*

Wir wissen, dass jeder Körper und jedes Ding mit Schall und Geräuschen bombardiert wird. Bedenken Sie die Dissonanz, die durch die überwältigende Anzahl an Frequenzen hervorgerufen wird, die jeden einzelnen auf der Erde durchdringen. Nichts ist im Einklang mit irgend etwas Anderem.

Ist es ein Wunder, dass es so viel Wut, Misstrauen und Angst gibt? Wie soll man unter einer solchen Schallbelastung zueinander in Beziehung treten und kommunizieren? Was wäre, wenn wir uns irgendwie ins Gleichgewicht bringen und uns gegenseitig und mit dem Planenten synchron schalten können? Es ist vollkommen klar, dass die Kommunikation um vieles leichter wäre und wir uns gesünder und friedlicher fühlen würden.

Barbara Marx Hubbard ist eine Zukunftsforscherin, die überzeugt ist, dass es für uns alle von Nutzen wäre, eine bestimmte Note zu summen. Sie glaubt, dass ein Des die Note ist, die der Schwingungsfrequenz der Erde am nächsten kommt. Sie ist der Meinung, dass, wenn genügend Menschen diesen Ton gemeinsam summten oder auf andere Art hervorbrächten, dies den dissonanten Frequenzen, die um den Planeten rasen, entgegenwirken und das Bewusstsein der Mutter Erde und der Menschen, die auf ihr leben, erhöhen würde.

Das erscheint uns sinnvoll, und wir würden zu gerne sehen, was passieren würde, wenn mehrere Millionen Menschen diesen Ton gleichzeitig summten. Wäre es, als ob die Mauern von Jericho einstürzten? Würden die aus Angst und Misstrauen errichteten Mauern zerbröckeln und es uns allen möglich machen, uns gegenseitig zu lieben und zu verstehen?

Es gibt Aufnahmen, die die Resonanzfrequenz der Erde als Code enthalten. Ein wundervolles Beispiel ist Dean Evensons *Ocean Dreams*. Kombiniert mit reiner Musik und natürlichen Effekten wie Meereswellen und dem Gesang von Delphinen und Walen, haben diese Frequenzen eine unglaubliche Wirkung auf unseren Körper. Sie versetzen uns wieder in Einklang mit der Erde selbst.

Wenn wir alle unsere Frequenzen in ein Gleichgewicht zueinander, zur Erde und zum Universum bringen könnten, hätten wir eine wirkliche physische Verbindung via Schall. Stellen Sie sich doch ein Leben auf dieser wunderschönen Erde ohne widersprüchliche Schallenergie vor. Wäre es nicht wunderbar, wenn der ganze Planet im Einklang stünde?

*In jeder Note ist Hoffnung.*
*In jeder musikalischen Phrase*
*liegt Heilung,*
*und Freude liegt in*
*jedem Lied.*
*Musik bietet eine Lösung*
*für jeden Menschen;*
*vielleicht auch für jede*
*Krankheit.*

*Cathy Kunkel*

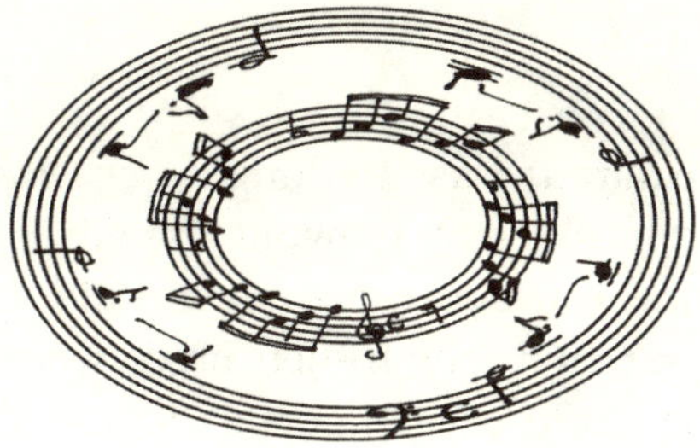

DREI

# Musik als Medizin

*„... Sie werden jemanden suchen,*
*der sich auf das Zitherspiel versteht.*
*Sooft dann der böse Geist über dich kommt,*
*spielt er mit seiner Hand,*
*dann wird dir wohl zumute."*

*Samuel 16,16*

Es gibt Hinweise darauf, dass Heilung durch Musik mehr als dreißigtausend Jahre zurückreicht. Obwohl Krankheiten für die alten Völker ein Geheimnis waren, wussten sie intuitiv, dass Laute wesentlich waren für die Genesung. In diesen frühen Tagen waren einfache Töne und einsilbige Gesänge die Laute, die man benutzte, um alle Arten von Krankheiten zu heilen.

Mit zunehmender Organisierung der Gesellschaft kam der Gesundheit des einzelnen Mitgliedes eine immer größere Bedeutung zu. Die Existenz der Gemeinschaft hing vom Jagen und Sammeln ab, und jedem Individuum wurde eine täglich auszuführende Aufgabe zugewiesen. Ein krankes Stammesmitglied war eine Bedrohung für das Überleben der Gruppe. Es musste so schnell wie möglich wieder gesund gemacht werden. Und so wie die Gesundheit der Gemeinschaft von ihren einzelnen Mitgliedern abhing, so war jedes Mitglied im Hinblick auf seine persönliche Gesundheit abhängig von der Gemeinschaft.

Die gesamte Gemeinschaft beteiligte sich am Heilprozess. Jemand sammelte Kräuter und braute Elixiere und Tränke, während andere Feuer anzündeten, über dem die Medizin aufgebrüht wurde. Es wurden spezielle Heilhütten oder Heilbereiche vorbereitet und die kranke Person wurde dorthin gebracht und von der Familie gepflegt. Dann kam der Schamane und die Heilung begann. Die spirituellen Kräfte wurden angerufen, um diese Person wieder gesund zu machen; angerufen meistens durch die Sprechgesänge und das Trommeln, die ihre heilige Musik darstellten.

Mit der Zeit zeichnen sich die Einzelheiten darüber, wie Musik genutzt wurde, um Krankheiten zu heilen, wesentlich klarer ab. Vor zehntausend Jahren behandelten die alten Ägypter und Sumerer erfolgreich Krebs mit besonderen Tönen. Im Talmud wurde ein bestimmtes Lied empfohlen, um sich vor Epidemien zu schützen, und die frühen Christen sangen Psalmen, um zu heilen.

Man glaubte allgemein, dass böse Geister die Ursache für die meisten körperlichen Leiden waren. Medizinmänner (und –frauen) und Schamanen in allen Eingeborenenkulturen verwendeten Musik, um böse Geister aus den Betroffenen zu vertreiben. Die bekannteste Begebenheit dieser Art ist vielleicht die biblische Geschichte von David, der auf seiner Harfe spielt, um König Saul von seinem bösen Geist zu erlösen.

Die alten Chinesen glaubten, dass eine einzige Note das Gute oder das Böse in Individuen oder im Universum erschaffen konnte, abhängig vom Willen des Musikers. Daher war es unbedingt erforderlich, dass jeder, der Musik in Heilverfahren einsetzte, aufrichtig und ehrlich war. Heute können wir bei eingeborenen Volksstämmen auf der ganzen Welt lebendige Beispiele für die Arbeit von Schamanen sehen. Manchmal als Zauberdoktoren bezeichnet, verwenden diese Heiler Trommeln, Gesänge, Tanzen und Singen, um böse Geister auszutreiben, die guten Geister wieder zurückzuführen und ihre Stammesgenossen zu heilen. Diese Techniken, die den Test der Zeit bestanden haben, funktionieren für viele Menschen seit Tausenden von Jahren, doch im Westen werden sie von vielen verachtet.

## Moderne Medizin

Heute hat die Gesundheit eines einzelnen Menschen kaum je eine Auswirkung auf die Gemeinschaft als Ganzes. Außer wenn die kranke Person ein Staatsoberhaupt ist, geht ihre Gesundheit uns nichts an. Und selbst wenn der Präsident des Landes krank ist, hat dies keine dauerhafte Auswirkung auf uns. Keine Stadt wird zusammenbrechen und an Hunger sterben, weil es einen Verwaltungsleiter weniger gibt. Es gibt keinen Zusammenhang mehr zwischen dem Überleben der Gemeinschaft und der Gesundheit ihrer einzelnen Individuen.

In unserer in höchstem Maße aufgesplitterten Gesellschaft werden bei den Kranken von wenigen hochspezialisierten Fachleuten nur streng geprüfte Techniken und Medikamente angewandt. Diese Fachleute werden von Versicherungsgesellschaften und von drohenden Verfahren wegen Verstoßes gegen das Berufsethos kontrolliert. Auf das emotionale und spirituelle Leben der Patienten wird im modernen Krankenhaus kaum Rücksicht genommen. Familienmitgliedern wird nur unter strengen Richtlinien der Besuch erlaubt, und sie dürfen nicht aktiv am Behandlungsprozess teilnehmen.

Weiße Wände und weiße Bettlaken. Monitore und sterile Instrumente. Antibiotika und Urinproben. Schmerzmedikamente, die zwanzig Dollar pro Stück kosten. Fünf Minuten kurze Dreihundert-Dollar-Visiten von einem Facharzt, der Sie auf der Straße nie wiedererkennen würde. Krankenhausessen! Dies sind die Bilder einer modernen medizinischen Einrichtung. Es ist verständlich, dass die Menschen schreckliche Angst vor dem medizinischen System haben. Kein Wunder, dass sie so schnell wie möglich das Krankenhaus verlassen wollen und dass sie oft viel schneller genesen, wenn sie es tun.

Was fehlt? Was ist verloren gegangen in diesem Suchen nach wissenschaftlicher Behandlung aller Krankheiten? Spiritualität. Intuition. Familie. Musik. Diese wirksamen Heiler wurden von der modernen Medizin fallen gelassen. Es gibt keinen Beweis, so sagen die Wissenschaftler, dass irgend etwas anderes als Operationen, bestimmte anerkannte Therapien und Medikamente Krankheiten heilen können.

Wenn sie im Krankenhaus sind, versuchen die Patienten von großen Traumata und Krankheiten zu genesen. Doch womit werden ihre Sinne bombardiert, während sie dort sind? Mit dem Piepsen von Monitoren, dem Knattern von Lautsprechern und Herzalarmwarnungen. Wie soll es Ihnen besser gehen mit all diesem Lärm um Sie herum? Es grenzt wahrhaftig an ein Wunder, dass überhaupt irgend jemand sich in so einer Umgebung erholen kann.

So vieles, was wesentlich ist für das Menschsein, wird von der profitgetriebenen Milliarden-Dollar-Industrie, der wir unser Leben anvertrauen, vernachlässigt. Kürzlich wandten wir uns an ein Krankenhaus in Las Vegas, um für Patienten in einer Krebsabteilung spielen zu können. Das Krankenhaus zog nicht einmal die Vorstellung in Erwägung, dass wir die Abteilung betreten könnten, aus Sorge um das Recht der Patienten auf Vertraulichkeit. Wie traurig, dass ihnen eine wirklich wohltuende, heilende Therapie aufgrund der Meinung ihrer Anwälte verweigert wurde. Anstatt heilender Harfenmusik wurden die Chemotherapie-Patienten den Dramen einer Seifenoper im Fernsehen ausgesetzt.

## Die ganze Person heilen

Bei der Gesundung geht es um so vieles mehr als um Medizin und Operationen. Was ist mit der chinesischen und indianischen Kräuterheilkunde? Was ist mit Ernährungs-, Musik- und Tontherapie und Meditation? Was ist mit der Liebe der Familie, der Unterstützung von Freunden? Was ist mit Lachen? Was ist mit Gebeten?

Ihre physische Gesundheit ist verflochten mit Ihrem emotionalen und spirituellen Wohlergehen. Vertrauen Sie sie nicht blindlings Medikamenten und Operationen an. Natürlich würden wir niemals vorschlagen, dass Sie nicht zu einem Arzt gehen sollten, um einen Krebstumor entfernen zu lassen. Sie sollten jedoch wissen: *das, was Ihnen die moderne Medizin bietet, ist nicht alles, was es gibt.*

Zusätzlich zu den verschiedenen ganzheitlichen Praxen, die über das Land verstreut sind, ist in manchen Krankenhäusern, in denen mutige und weiter denkende Verwalter den Nutzen von angewandter Musik gesehen haben, eine Veränderung am Horizont zu erkennen.

Im Bemühen, die negative Auswirkung von Krankenhausgeräuschen zu minimieren, wird in manchen Krebsabteilungen, Intensivabteilungen und Therapiezentren Instrumentalmusik gespielt. Durch die Wirkung sollen die Patienten sich wohler fühlen, weniger gestresst und glücklicher. Sie lässt auch ihre Körper in einer gesünderen Frequenz schwingen.

Dank der Arbeit moderner Musiktherapeuten, Heilmusiker und Anthropologen, die uns die Heiltechniken anderer Kulturen (und unserer eigenen Geschichte) wieder nahe bringen, beginnt man wieder anzuerkennen, dass Musik einen Wert hat über und jenseits der Unterhaltung. Die erfinderischen, intuitiven Praktiken von Schamanen werden untersucht und Musiktherapeuten beginnen, mehr davon in ihre eigenen Therapien einzubauen. Der Wert der spirituellen Verbundenheit und des intuitiven Fühlens wird langsam von einigen wissenschaftlich geschulten Heilern des Westens akzeptiert.

Genauso wie alternative Therapien wie Akupunktur und Chiropraxis von der Krankenversicherung übernommen und von westlichen Ärzten verschrieben werden, könnte Musik, mit genug Druck und Beweisen, ebenfalls ein akzeptierter Teil der Behandlung für eine ganze Reihe von Krankheiten werden.

Wir sind gerade erst dabei, wieder zu entdecken, wie wirksam Musik bei der Behandlung fast jeder dem Menschen bekannten Krankheit ist. Was wir Ihnen hier anbieten, ist eine bloße Kostprobe der wunderbaren Weise, in der Musik hilft, einige unserer häufigsten Erkrankungen zu heilen oder zu lindern.

*„Jede Krankheit hat eine musikalische Lösung.*
*Je kürzer und vollständiger die Lösung –*
*umso größer das musikalische Talent des Arztes.*
*Krankheit verlangt vielfältige Lösungen.*
*Die Wahl der angemessensten Lösung*
*bestimmt das Talent des Arztes."*

*Novalis*

Wenn wir hier von physisch heilender Musik sprechen, möchten wir betonen, dass der Bereich und die Frequenzen der eingesetzten Musik sehr wichtig sind. Auch wenn manch klassische und sogar Popmusik wertvoll ist, erfolgt die wirkliche Heilung des menschlichen Körpers nicht durch komplizierte Melodien, harmonische Zwischenspiele oder üppige Arrangements. Unsere Körper haben einen Rhythmus wie die Erde selbst, und wenn wir diese Rhythmen und Laute erschließen, ist Heilung durch Musik am wirkungsvollsten.

Stellen Sie sich das Brausen des Ozeans vor, das Rauschen des Windes, das Summen der Insekten. All das sind natürlich auftretende Frequenzen, die unser Körper zu nutzen weiß, um das Gleichgewicht wieder zu erlangen. Wenn dem Heilprozess Musik hinzugefügt wird, muss sie gleichmäßig, unkompliziert und rein sein. Um die eigenen Heilfähigkeiten des Körpers voll zu nutzen, müssen wir ihn die verschiedenen natürlichen Laute, die uns gegeben sind, erkennen und aufnehmen lassen. Musik mit einem beständigen, gleichmäßigen Rhythmus und einer Art Summen ist besonders wertvoll. Wir werden am Ende des Kapitels Beispiele anführen, doch es ist sehr wichtig, Folgendes zu bedenken: Beständige Tempi, einfache Melodien, die regelmäßig wiederholt werden, und viel Raum, damit die natürlichen Frequenzen durchkommen, sind sehr wichtig.

Zusätzlich muss die Musik etwas sein, woran Sie Freude haben. Sie muss Ihnen angenehm sein, sonst hat sie keine wohltuende Wirkung oder sie könnte tatsächlich Ihren Zustand verschlechtern. Nehmen Sie sich Zeit, verschiedene Aufnahmen anzuhören, wenn Sie in ein Musikgeschäft gehen. Horchen Sie aufmerksam, lassen Sie sich Zeit, um die Musik wirklich zu fühlen. Ihr Körper wird Ihnen sagen, was am besten für ihn ist. Wir haben in Kapitel Zehn Zuhörtechniken angeführt. Wenden Sie sie an, wenn Sie Musik auswählen, denn sie werden Ihnen helfen zu erkennen, welche Wirkung eine bestimmte Musik auf Sie hat. Sie können dann analysieren, was in einer bestimmten Situation am besten für Sie ist.

Das letztliche Ziel dieses Buches liegt darin, Ihnen dabei zu helfen, physische, spirituelle und emotionale Gesundheit zu erlangen. Auch wenn die moderne Medizin wirklich wertvoll ist, vergessen Sie nicht, dass Ihr wahres, vollständiges und gesundes Ich von Gleichgewicht und innerem Frieden abhängig ist. Musik ist eines der wirksamsten Werkzeuge, das Sie anwenden können, um dieses Ideal zu erreichen.

## Musik und das Immunsystem

Von AIDS über chronisches Erschöpfungssyndrom bis hin zu Krebs ist es die Unfähigkeit unseres Immunsystems, Angriffe abzuwehren, die es der Krankheit ermöglicht, sich in unserem Körper festzusetzen. Um gesund zu sein, müssen wir unser Immunsystem stärken, und Musik ist eine ausgezeichnete Möglichkeit, dies zu tun.

Es steht außer Frage, dass es eine Verbindung gibt zwischen dem, was wir aufnehmen, was wir hören, was wir fühlen, und der Art, wie unser Immunsystem arbeitet. Es gibt viele Belastungen, die uns von unserer Umgebung aufgebürdet werden: neue Bakterienstämme, Nahrungsmittelzusätze und Hormone, Luft- und Wasserverschmutzung, Lärmbelastung und Belastung durch Frequenzen. Alle diese Dinge strapazieren unser Immunsystem in gefährlichem Ausmaß.

Täglich dringen schädliche Frequenzen in unseren Körper ein. Viele Frequenzen können wir hören, doch die schädlichsten sind vielleicht wirklich jene, die wir nicht hören können. Das beschränkt sich nicht nur auf Kraftstromleitungen, die elektromagnetische Strahlungen abgeben. Fernsehen, Radio und Militärkommunikation, sogar Kontrollsignale des Flugverkehrs zerschneiden die Luft, die wir atmen, und verändern und programmieren die Zellen in unserem Körper neu. Kürzlich gab es Berichte darüber, wie die von Handys abgegebene Mikrowellenstrahlung wesentlich an der Entwicklung von Gehirntumoren beteiligt sein könnte. Menschen, die am Arbeitsplatz den ganzen Tag vor Computerbildschirmen sitzen, sind einem erhöhten Krebsrisiko ausgesetzt. Wir wissen nicht einmal, ob es sicher ist, neben Ihrem Mikrowellengerät zu stehen.

Tatsache ist, dass wir einfach nicht genug über diese neuen Arten von potentiell tödlichen Frequenzen wissen. Es gibt sie erst seit fünfundsiebzig Jahren. Was wir wissen, ist, dass Menschen in einem alarmierenden Ausmaß an Krebs, AIDS, neuromuskulären Erkrankungen, sogar an bakteriellen Infektionen sterben. Und dies, obwohl jedes Jahr hunderte Millionen Dollar ausgegeben werden, um Heilmittel gegen diese Krankheiten zu finden. Wird unser Immunsystem zu sehr belastet? Kann Musik helfen?

Der klinische Forscher Dr. Theodore A. Baroody Jr., Autor von *Alkalize or Die*, hat herausgefunden, dass dissonante (saure) Laute tatsächlich unsere organische Grundfunktion stören und das plötzliche Freisetzen von Enzymen und Hormonen bewirken. Das führt zur tatsächlichen Zerstörung von Zellen, wodurch unser Immunsystem geschwächt und der Krankheit Tür und Tor geöffnet wird.

Obwohl Musik an sich keine schädigenden elektromagnetischen Wellen hervorbringt, können bestimmte Arten von Musik und andere dissonante Töne sicher Frequenzen abgeben, die „Säure" in unserem Organismus produzieren. Deshalb müssen wir eine Musik wählen, die sowohl den hörbaren als auch den unhörbaren Schallschwingungen entgegenwirkt, die sich verheerend auf unser Immunsystem auswirken.

Dr. Baroody behauptet, dass es „saure" und „alkalische" Musik gibt. Säureproduzierende Musik ist solche wie Hardrock und Rap, alles, was Sie wütend und nervös macht oder verwirrt. Basenproduzierende Musik ist sanfte Klassik, instrumentale „Ambient-Musik" , Meditationsmusik, alles, wodurch Sie sich entspannt, zufrieden und glücklich fühlen.

Harmonische Klänge, einschließlich alkalischer Musik, entspannen und synchronisieren unsere Nerven, Organe und das Drüsensystem. Diese rein physische Wirkung ist nur ein Teil der Art, wie die Musik unser Immunsystem stärkt. Vorstudien zeigen, dass die Musik das Immunsystem stimuliert, indem sie das Auf und Ab der emotionalen Gezeiten im Körper einfängt. Während ein Musikstück zu einem plötzlichen Tränenausbruch führen kann, kann ein anderes Lachen und Glück auslösen. Musik stärkt uns physisch und emotional. Sie gibt uns Frieden und Hoffnung und Liebe, und mehr als alles andere brauchen wir diese menschlichen Eigenschaften, um unser Immunsystem gesund zu halten.

## Herzkrankheiten

Wie viele Menschen kennen Sie, die einen Herzanfall erlitten? Wie viele von ihnen überlebten, um später an einem neuen Herzanfall zu sterben? Sie mögen Medikamente eingenommen, Diäten und Bewegungsprogramme eingehalten haben, und doch versagte ihr Herz.

Es ist eine unumstößliche Tatsache, dass die richtige Art von Musik, wie Harfenmusik, Stress herabsetzt. Stress ist ein maßgeblicher Faktor bei Herzkrankheiten. Daher sollte Musik ein natürlicher Zusatz zu jeglicher Behandlung von Opfern eines Herzanfalles sein. Leider ist das nicht allgemein der Fall. Haben Sie je gehört, dass ein Arzt mäßige körperliche Betätigung, eine gesunde Ernährung und regelmäßiges Umgeben mit beruhigender Musik verschrieben hätte?

Nun, wir verschreiben es hier. In Kapitel Fünf legen wir eine ganze Reihe von Entspannungstechniken und Meditationen dar und schlagen eine Auswahl von Musik vor, die allesamt Stress reduzieren. Sie sollten jeden Tag angewandt werden, genauso wie die Pillen und die anderen Behandlungen, die ein Arzt empfehlen würde. Der Nachweis für die unterstützende Wirkung von Musik bei der Genesung von Herzanfällen ist nicht auf Anekdoten beschränkt. Es gibt wissenschaftliche Studien, die sie belegen. Als das Saint-Joseph-Hospital in New York ein System zum Musikhören in ihrer Intensivabteilung installierte, ging die Todesrate bei den Herzanfallpatienten in ihrer Abteilung dramatisch zurück. Im Vergleich zum nationalen Durchschnitt starben acht bis zwölf Prozent weniger Patienten in dieser Abteilung.

Stellen Sie sich das Gefühl vor: Sie haben Schmerzen, Sie haben Angst, vielleicht sterben Sie. Man stürmt mit Ihnen in eine Notaufnahme. Monitore piepsen und pulsieren, Gerätewagen werden von Raum zu Raum geschoben, Ärzte und Schwestern laufen durch die Hallen, alle paar Sekunden werden die Namen von Ärzten über die Lautsprecher ausgerufen. Wie soll es Ihnen je besser gehen mit all diesem unablässigen Lärm um Sie herum?

Cathie Guzzetta, eine kritische Krankenschwester aus Dallas, Texas, sah jahrelang hilflos zu, wie ängstliche Patienten ihre Abteilung passierten. Sie beschloss, es bei ihnen mit Musik und Entspannungstechniken zu versuchen, mit großem Erfolg. Später fand sie in einer formellen Studie in Washington, D.C., heraus, dass Herzschlag und Blutdruck herabgesetzt wurden, wenn man Musiktherapie einsetzte und den Patienten Entspannungstechniken beibrachte. Menschen, die vorher nie entspannen konnten, lernten Musik, Muskelentspannung und Meditation anzuwenden, um sich besser zu fühlen und das Risiko, wieder einen Anfall zu erleiden, zu verringern. Als diese Menschen erst einmal gelernt hatten, wie sie Musik hören und sie zu ihrer Beruhigung nutzen konnten, fanden sie großen Trost in ihren neu entdeckten Fähigkeiten zur Entspannung.

Natürlich sollten Sie einen Arzt aufsuchen, wenn Sie Herzprobleme haben. Doch Ihnen muss klar sein, dass ein Arzt Musik nicht in der akzeptierten Liste der Behandlungen von Angina pectoris oder Mitralklappenprolaps führt. Die medizinischen Ausbildungsstätten lehren ihre angehenden Ärzte nun einmal nichts über die erstaunliche Heilkraft der Musik.

Lassen Sie die Fähigkeit der Musik, ein krankes Herz zu heilen, nicht einfach deshalb außer Acht, weil sie nicht in den medizinischen Büchern erscheint.

## Bluthochdruck

Trotz aller Arten von Medikamenten, Fitnessvereinen und cholesterinfreien Nahrungsmitteln leiden fast vierzig Millionen Amerikaner an Bluthochdruck. Wie ist das möglich?

Es ist so, weil wir eine Nation von leistungsorientierten Menschen sind, besessen davon, uns gegenseitig und die Welt zu erobern. Eine solche Geisteshaltung kann nur zu einem führen – zu Stress. Und aus Stress ergeben sich Bluthochdruck und die damit zusammenhängenden Probleme, einschließlich Schlaganfälle und Herzanfälle.

Die richtige Art von Musik ist ein wirksames Gegenmittel zu den Belastungen, die unseren Blutdruck steigen lassen. Wenn Sie Entspannungstechniken und Meditation mit der Erfahrung des Musikhörens verbinden, werden Sie eine dramatische Senkung Ihres Blutdrucks feststellen können. Die Musik muss jedoch frei sein von allem, was Angst schafft und schmerzliche Erinnerungen heraufbeschwört. Es ist auch wichtig, dass die Musik einfach und beruhigend ist und ein gleichmäßiges Tempo hat. Komplizierter Jazz, betäubender Rock und leidenschaftliche klassische Stücke sind entschieden nicht geeignet. Am besten sind Instrumental-, „Ambient"- und Meditationsmusik.

Musik kann auf wunderbare Weise die Veränderungen im Lebensstil unterstützen, die so wichtig sind, um den Blutdruck zu kontrollieren. Körperliche Betätigung ist viel angenehmer und leichter zu handhaben, wenn sie auf Musik abgestimmt ist. Eine andere wirksame Veränderung im Lebensstil ist, ein Instrument zu spielen oder singen zu lernen. Die Energie, die durch Musikmachen produziert wird, ist ein wirksamer Blutdruckregler.

## Schlaganfall

Eine der häufigsten Folgen von hohem Blutdruck ist der Schlaganfall. Idealerweise sollte die Musiktherapie lange einsetzen, bevor ein Schlaganfall auftritt, doch wenn ein Anfall auftritt, ist Musik unerhört hilfreich bei der Rehabilitation.

Depression ist eine häufige Hürde, die viele Schlaganfallpatienten überwinden müssen. Es ist sehr leicht, sich selbst zu bemitleiden, wenn Sprechen, Gehen, vielleicht sogar Essen schwierig oder unmöglich geworden sind. In einer Studie in Schottland stellten Forscher fest, dass hospitalisierte Patienten, die zusammen mit ihren anderen Behandlungen Musiktherapie erhielten, weniger anfällig für Depressionen waren. Sie waren viel positiver in ihrer Einstellung und es zeigten sich weniger Angstzustände.

Doch Musik kann dem Schlaganfallpatienten noch viel mehr geben. Stellen Sie sich vor, wie Sie nach einem schweren Schlaganfall wieder gehen lernen. Wie schwierig ist es, die Botschaft von Ihrem Gehirn zu Ihren Beinen zu schicken und sie dazu zu bringen, das zu tun, was Sie verlangen. Was wäre, wenn Ihr Gehirn ein wenig Hilfe bekäme? Was wäre, wenn Musik eingeführt würde, um Ihrem Körper zu helfen, sich an die Bewegungen zu erinnern? Wie wäre es mit ein wenig Musik, zu der Sie früher tanzten? Vielleicht ein guter altmodischer Walzer von Strauß, oder wie wäre es mit ein wenig Discobeat? Alles, was Sie ans Tanzen erinnert, ist perfekt. Es sollte frohe Musik sein, die gute Erinnerungen weckt. Doch was noch wichtiger ist, sie wird die automatische Bewegungsreaktion Ihrer Füße und Beine stimulieren.

Forscher in Colorado setzten Takt und Musik auf eine andere interessante Art ein. Sie betteten durch Metronomimpulse hervorgebrachte Rhythmen in Musik ein, die den Patienten gefiel. Diese rhythmische Anregung half tatsächlich den Patienten, die Füße aufzustellen, gleichmäßiger auszuschreiten, und sie erhöhte ihre Fähigkeit, eine bestimmte Zeit lang zu gehen. Und das Beste war, dass, selbst als die Patienten diese Stimulation nicht mehr bekamen, die mit Hilfe dieses rhythmischen Gerätes erlernten Gehmuster erhalten blieben. Mit anderen Worten, sie erlitten keinen Rükkfall und entwickelten keine unbeholfenen Gehmuster.

Viele Schlaganfallpatienten verlieren die Beweglichkeit eines Armes. Stellen Sie sich vor, wie Klavierspielen oder auf einer Trommel schlagen nutzen kann. Gemeinsames Trommeln mit dem Therapeuten oder eine Musikaufnahme hilft, in Körper und Geist ein Muster herzustellen. Zusätzlich zu der Tatsache, dass ein Gliedmaß gestärkt wird, scheint es sinnvoller, als bloß die Hand zu öffnen und zu schließen oder einen Arm auf und ab zu bewegen. Die rhythmische Bewegung hilft dem Gliedmaß, sich noch lange, nachdem das Trommeln eingestellt wurde, an die richtige Art der Bewegung zu erinnern.

Und was ist mit Sprechen? Vielen Schlaganfallpatienten fällt es sehr schwer, Worte und Sätze zu bilden. Viele verlieren zeitweise vollständig ihre Stimme. Summen und Tonanstimmen sind wunderbare Werkzeuge, um die Stimmbänder zu trainieren und Schwingungen durch den Körper zu schicken. Diese Schwingungen stimulieren die eigenen Heilungsmechanismen des Körpers. Bald wird es leichter, Worte und Sätze zu formen und eine Tonlage zu entwickeln, in der das Kommunizieren leichter fällt.

Die Therapeuten beginnen gerade erst, mit Klängen und Musik für Schlaganfallpatienten zu experimentieren. Experimentieren Sie selbst, auch wenn die Therapie, die man Ihnen oder einem geliebten Menschen anbietet, keine Musik umfasst. Spielen Sie Musik während der Gehübungen. Singen Sie, summen Sie, schlagen Sie auf einer Trommel. Es kann nicht schaden, und vielleicht hält es für Sie ein Wunder bereit.

## Krebs

Eine deutsche Studie von Dr. Ralph Spintge weist darauf hin, dass Musiker eine bedeutend niedrigere Krebsrate aufweisen als die allgemeine Bevölkerung. Als Musiker sind wir hoch erfreut, das zu hören. Die Frage ist, warum Musiker? Ist das rein zellbedingt? Ist es emotional?

In unserem Körper befinden sich dauernd Krebszellen. Das Kunststück dabei ist, sicherzustellen, dass sie nicht zu etwas heranwachsen, was uns umbringen wird. Da Musik das Immunsystem stimuliert, kann sie vielleicht Krebszellen davon abhalten, sich festzusetzen, zu mutieren und sich im Körper auszubreiten.

Doch die Kraft der Musik ist mehr als nur eine Stimulierung des Immunsystems. Die Forschung hat gezeigt, dass bestimmte Musiktöne tatsächlich die Größe bestehender Tumore verringern und Krebszellen verschwinden lassen können.

Ein französischer Musiker, Fabien Maman, arbeitet mit Helene Grimal, einer Forscherin in Paris, zusammen. Gemeinsam setzten sie Krebszellen in unterschiedlichen Zeitabständen verschiedenen Tönen aus. Sie fanden heraus, dass Krebszellen in Teströhrchen tatsächlich beginnen, sich aufzulösen, wenn sie einundzwanzig Minuten lang einem bestimmten Ton ausgesetzt werden.

Sie konnten diese Ergebnisse bei Patientinnen mit Brustkrebs überprüfen. Als die betroffenen Frauen für eine Dauer von einundzwanzig Minuten in Folge, über eine Gesamtdauer von dreieinhalb Stunden am Tag, bestimmte Noten anstimmten, wurden ihre Tumore tatsächlich kleiner. Eine der Frauen wurde einer Operation unterzogen, selbst nachdem Tests gezeigt hatten, dass der Tumor schrumpfte. Erstaunlicherweise war der Tumor selbst kleiner geworden, hatte keine Metastasen gesetzt und konnte leicht entfernt werden. Es trat kein neuer Krebs auf. Die anderen Patientinnen wurden nicht operiert und zeigten nach Beendigung des Experimentes keine weiteren Symptome.

Bei einer Krankheit wie Krebs scheint es, dass die tatsächlichen Schwingungen, das physikalische Hervorbringen einer bestimmten Frequenz oder eines Frequenzbereiches im Körper eine enorme Auswirkung auf die erkrankten Zellen hat. Auch wenn Musikhören entschieden eine gute Sache ist, ist es vielleicht noch wichtiger für Krebspatienten, selbst Musik zu erzeugen.

Zusätzlich zum Verzehr von gesunden Nahrungsmitteln, zur Inanspruchnahme empfohlener Therapien und körperlicher Betätigung, kann die Tatsache, eine Gitarre, eine Harfenzither, eine irische Rahmentrommel oder ein tragbares Keyboard zur Hand zu nehmen und darauf zu spielen, wirklich helfen. Indianische Flöten und Ihre eigene Stimme sind ebenfalls wunderbare Instrumente für diesen Zweck. Es soll Ihnen nicht darum gehen, strukturierte Musik zu spielen … machen Sie sich nur mit dem Instrument vertraut und erzeugen Sie Töne. Wählen Sie die Saiteneinstellung auf Ihrem Keyboard und halten Sie einige Minuten lang einen vollen, tiefen Ton (wie ein Des), blasen Sie eine lange, beruhigende Note auf der Flöte. Summen Sie.

Finden Sie einen Ton, der den betroffenen Teil Ihres Körpers stimuliert. Lassen Sie Ihren Körper die Schwingungen aufnehmen und richten Sie Ihre Aufmerksamkeit auf den Körperteil, der geheilt werden soll. Experimentieren Sie mit verschiedenen Noten. Sie werden intuitiv spüren, welche helfen. Versuchen Sie, diese bestimmten Noten für Zeitabschnitte von einundzwanzig Minuten mit Ihrer Stimme anzustimmen oder auf einem Instrument zu spielen.

Auch wenn wir nicht vorschlagen, dass Sie die von Ihrem Arzt empfohlenen Therapien übergehen sollen, so glauben wir, dass Sie sich selbst eine viel größere Chance geben, den Krebs zu besiegen, wenn Sie Ihre Behandlung durch die Aufnahme von Musik ergänzen. Darüber hinaus wird es Ihnen das Gefühl geben, an Ihrer eigenen Genesung beteiligt zu sein, und wir alle haben das Bedürfnis zu spüren, dass wir letzten Endes für unseren Körper verantwortlich sind.

## Kopfschmerzen

Eines der häufigsten Leiden – Kopfschmerzen. Was machen Sie, wenn Sie Kopfschmerzen bekommen? Die meisten Menschen greifen zu rezeptfreien oder verschriebenen Medikamenten.

Es steht außer Frage, dass die meisten Kopfschmerzen stressbedingt sind. Die beste Art, damit umzugehen, ist natürlich Entspannung. Es ist wichtig, zu lernen, bestimmte Muskeln, wie jene um die Augen, im Nakken und im Gesicht, bewusst zu entspannen. Beruhigende, hinreißende Musik lenkt Ihren Verstand vom Schmerz ab. Anstelle von chemischen Präparaten ist Musik das „Medikament", das Sie entspannen lässt.

Neben der emotionalen Entspannung, die Musik bietet, gibt es andere Nutzen, die rein physisch sind. Die Frequenz – die Schwingungsrate der Töne selbst – ist die Quelle der Schmerzerleichterung. Die vom Tonanstimmen produzierten Schwingungen sind besonders hilfreich. Das Anstimmen ist das Hervorbringen von Tönen mit Ihrer eigenen Stimme. Bei manchen Arten von Kopfschmerzen kann das Hervorbringen der richtigen Töne eine Schwingung verursachen, die tatsächlich der Ursache des Schmerzes entgegenwirkt. Die Kunst dabei ist, die richtige Frequenz zu finden.

Wie fast überall gibt es bei der Musikheilung kein Richtig oder Falsch. Der Ton, der *Ihre* Kopfschmerzen verschwinden lässt, ist nicht unbedingt der gleiche, der jemand anderem hilft. Denken Sie daran, es hat alles etwas mit der natürlichen Resonanzfrequenz zu tun. Sie müssen nur Ihre eigene Frequenz finden und Sie anzapfen. Experimentieren Sie, indem Sie verschiedene langgezogenen Töne wie „Ahhhhh", „Ooooh", „Hmmmm" oder

„Ommmm“ hervorbringen. Stimmen Sie höher oder niedriger an, öffnen und schließen Sie den Mund, formen Sie die Lippen auf unterschiedliche Weise. Schließlich werden Sie einen Ton finden, der eine Schwingung hervorruft, die für Sie richtig scheint. Sie werden eine Abnahme des Schmerzes feststellen. Schauen Sie, was passiert, wenn Sie fünf Minuten lang einen Ton halten.

Natürlich liegt das Ziel darin, erst gar keine Kopfschmerzen zu bekommen. Sie können Kopfschmerzen, sogar Migräne vermeiden. Wenden Sie regelmäßig geführte Fantasiereisen, Meditation und andere Entspannungstechniken zusammen mit Musik an, mindestens zweimal in der Woche. Wir bieten Ihnen in Kapitel Fünf und Kapitel Zwölf dieses Buches wunderbare Übungen. Wenn Sie sich Zeit nehmen, sich selbst ein wenig zu verwöhnen, werden Sie feststellen, dass Ihre Kopfschmerzen in erstaunlichem Maße seltener auftreten.

## Chronische Schmerzen

So viele Menschen leiden an chronischen Schmerzen. Die Ursache dafür kann alles mögliche sein, von Verletzungen, die man sich bei einem Autounfall zugezogen hat, bis hin zu degenerativen Bandscheibenerkrankungen. Es gibt wenig, was unser Leben so vollständig beeinträchtigen kann wie chronische Schmerzen. Schlafmuster sind gestört, die Fähigkeit, rational zu denken und Informationen zu verarbeiten, wird erschwert, und soziale Aktivitäten sind oft eingeschränkt, wodurch sich der Leidende isoliert und einsam fühlt.

Natürlich stehen zahlreiche Schmerzmittel zur Verfügung; ihre Nebenwirkungen sind jedoch oft genauso schlimm wie das Problem, das ursprünglich den Schmerz verursacht. Deshalb wenden viele alternative Fachleute im Bereich der Heilkunde Akupressur, Akupunktur, Hypnose und andere Therapien an, alle mit einem gewissen Ausmaß an Erfolg.

Musik bedeutet einen enormen Antrieb für all diese Therapien. Denken Sie daran, Musik ist – in ihrem Ursprung – Schall. Die durch den Schall verursachten Frequenzen (hörbar oder nicht hörbar) haben eine enorme Wirkung auf die Schwingungsrate des Körpers. Wenn die richtige Frequenz verwendet wird, kann Schall tatsächlich den gefühlten Schmerz des Körpers herabsetzen. Sie haben sicher schon von Ultraschall gehört. Das ist im wesentlichen unhörbarer Schall; er wird auf breiter Basis in der Physiotherapie genutzt, um Schmerz zu lindern und bereits geschädigtes Gewebe zu heilen.

Zusätzlich zu seinen physiologischen Nutzen als Schall kann Musik chronisch Leidenden auch sehr wirksam helfen, psychologisch mit dem Schmerz umzugehen. Sie lernen, Musik zu nutzen, um den mit Schmerz verbundenen Stress herabzusetzen, und Muskeln, die sich in Reaktion auf den Schmerz verspannen, zu entspannen. Bei Geburten bis hin zu Verbrennungen hat Musik Menschen geholfen, sich von ihrem Schmerz zu lösen, und ihnen beigebracht, auf eine positivere Art mit ihm umzugehen. Musik hilft auch, die Wahrnehmung der Zeit zu verändern, was dazu beiträgt, den wahrgenommen Schmerz zu verringern.

Um auf psychologischer Ebene starken Schmerzen zu entfliehen, ist New Age oder klassische Musik nicht unbedingt die beste Therapie. Popmusik, Folk Rock und andere Arten beschwingter Musik sind am besten geeignet. Wir sprechen von Musik von den Beach Boys über The Eagles bis zu Sheryl Crow. Musiktherapeuten, die mit jugendlichen Brandopfern arbeiten, haben festgestellt, dass Rockmusik am wirksamsten ist. Was es hier zu verstehen gilt, ist, dass jede Art von Musik emotional therapeutische Auswirkungen auf Schmerz haben kann. Nutzen Sie, was immer bei Ihnen funktioniert, und denken Sie daran, dass es in Ordnung ist, die Musik lauter zu stellen.

## Arthritis

Musiker leiden an Arthritis, genauso wie Zehntausende anderer Menschen. In der Tat leiden viele Instrumentalisten an schrecklichen Schmerzen in Händen und Fingern, wenn sie nicht spielen. Doch wenn sie spielen, vergessen sie den Schmerz. Musizieren ist wie über eine eigene, innere Cortisonfabrik zu verfügen.

Anders als die offensichtliche ästhetische Freude am Schaffen von Musik stellt der tatsächliche physische Akt zu spielen, die Finger zu bewegen, eine Therapie dar. Wenn man arthritische Gelenke nicht bewegt, werden sie steif und sind nicht mehr zu gebrauchen. Wenn Sie Arthritis haben, lautet daher unser erster Vorschlag, *diese Gelenke zu benutzen.* Beschaffen Sie sich ein tragbares Klavier oder Keyboard. Spielen Sie Xylophon. Schlagen Sie leicht auf einer Trommel.

Es ist Ihnen wahrscheinlich bekannt, dass es verschiedene Arten von Arthritis gibt. Die Form, an der viele Menschen leiden, wenn sie älter werden, ist rheumatische Arthritis. Bei dieser besonderen Erkrankung sind geführte Fantasiereisen und Musik besonders hilfreich. Wenn sie sich vorstellen, wie sie sich frei bewegen, ohne Schmerzen, können die Leidenden, die Musik hören, tatsächlich den Schmerz und die Schwellungen reduzieren und sich viel leichter bewegen. Darüber hinaus sind sie glücklicher und emotional besser in der Lage, mit dem Schmerz und den Einschränkungen der Krankheit umzugehen.

Hier ist die Art der Musik wichtig. Etwas mit Text ist nicht so wirksam wie Instrumentalmusik. Klassische Musik scheint den Heilprozess ebenso zu fördern wie New-Age-Musik mit Klängen der Natur im Hintergrund. Die Musik ist ein Mittel, um in Ihrem Geist zu reisen, zu einem Ort, der heilend wirkt. Sich selbst in einer wundervollen Umgebung vorzustellen, gesund und schmerzfrei, ist der erste Schritt, um Wohlbefinden zu schaffen. Durch Musik vielfach verstärkt, kann und wird diese Kraft des Geistes den Schmerz verringern, die Fähigkeit, sich zu bewegen, vergrößern und den Bedarf an Medikamenten herabsetzen.

## Alzheimerkrankheit

Die Alzheimerkrankheit ist einer der erschreckendsten Zustände, mit dem Betagte konfrontiert werden. Sie sind nicht in der Lage, sich an Menschen oder Ereignisse zu erinnern, sie haben wenig oder keine Aufmerksamkeitsspanne, und sie vergessen, wie man miteinander umgeht. Die Welt wird geheimnisvoll und erschreckend, wenn es keine Vergangenheit oder Zukunft gibt. Oder vielleicht leben sie nur in der Vergangenheit – die Gegenwart existiert nicht, und die Zukunft ist unvorstellbar. Manche Alzheimerpatienten haben schlussendlich keine Möglichkeit zu kommunizieren, weil es keinen Bezugsrahmen gibt.

Musiktherapeuten und Musiker, die mit älteren Menschen arbeiten, bestätigen, dass Musik die Menschen aus ihrem Schneckenhaus hervorlockt. Es gibt viele Geschichten von Patienten, die vorher bloß in ihren Rollstühlen saßen und nun aufleben, klatschen und mitsingen, wenn eine Lieblingsmelodie aus ihrer Vergangenheit gespielt wird.

Zusätzlich zu der Tatsache, dass sie den Patienten ein wenig Freude und die Gelegenheit zu singen oder zu tanzen bietet, ist Musik oft ein Tor zur Kommunikation. Weil sie so oft in einen Zustand verfallen, der fast katatonisch ist, sprechen sie nicht einmal mit den Menschen, die sie kennen.

Wenn vertraute Musik gespielt oder gesungen wird, Musik aus ihrer Jugend oder eine vertraute Weise, ist es, als ob ein Licht anginge.

Musik ist kein Wunderheilmittel gegen Alzheimer. Bisher gibt es keine Belege dafür, dass, wenn ein Patient erst einmal den verheerenden Auswirkungen der Krankheit unterlegen ist, Musik irgendwelche langfristige Nutzen in Bezug auf das Sprach- oder das Erinnerungsvermögen bringt. Es gibt jedoch Hinweise darauf, dass sie das Fortschreiten der Krankheit in ihrer schlimmsten Ausformung bremsen kann, indem sie als Gedächtnisstütze wirkt. Sie kann auch die Lebensqualität des Patienten verbessern, weil Musik eine Möglichkeit für soziale Beziehungen, Kommunikation und Glücksgefühle bietet.

Die Alzheimerkrankheit fordert einen ungemein großen Tribut von jedem, der ein Opfer dieser Krankheit pflegt. Ob Sie für die Pflege bezahlt werden, ob Sie ein Ehepartner oder ein Kind sind, die Belastung, sich um jemanden zu kümmern, der vielleicht nicht mehr weiß, wer Sie sind, kann sich verheerend auswirken. Musik und stressreduzierende Übungen können aufopfernden Betreuern helfen, auch ihre eigene Gesundheit zu verbessern. Was gibt es für eine bessere Möglichkeit, ein Lächeln auf ein Gesicht zu zaubern und das Herz von jemandem mit Freude zu erfüllen? Wenn Musik Sie zu einem Ort des inneren Friedens bringt, dann ist die Genesung nicht weit.

## Mittel zur Heilung

**Summen Sie! Singen Sie! Pfeifen Sie!** Eines der besten Dinge, die Sie tun können, um Ihrem physischen Körper zu helfen, gesund zu werden und zu bleiben, ist die wunderbare Gabe Ihrer Stimme zu nutzen. Wir alle besitzen ein eingebautes Instrument, das uns stärkt und hilft, unversehrt zu bleiben. Und bitte denken Sie daran, wie wirksam es ist, ein Musikinstrument zu spielen. Die Schwingungen, die Sie durch Musikmachen erzeugen, sind kraftvolle Heiler.

**Empfohlene Musik:**

*„Sound Healing"*, Dean Evenson & Soundings Ensemble
*„The Fairy Ring"*, Mike Rowland
*„Sound Body, Sound Mind"*, Andrew Weil

**Kontemplation:**
Manche sagen, dass eine Krankheit das Symptom einer kranken Seele ist. Etwas, was mir fehlt, oder etwas, mit dem ich mich nicht auseinandergesetzt habe, liegt an der Wurzel des Problems, an dem ich leide. Gibt es etwas, mit dem ich mich auseinandersetzen sollte? Gibt es ungelöste Probleme, denen ich mich stellen sollte?

**Affirmation:**
Ich bin stark und gesund und glücklich. Alle Dinge, vergangene und gegenwärtige, die es möglich gemacht haben, dass ich krank geworden bin, sind gelöst; und ich lasse jeden Schmerz und jedes Trauma los. Ich bin ganz.

(Es gibt eine Reihe von Büchern einer wunderbaren Autorin namens Louise Hay mit Affirmationen für bestimmte Krankheiten. Wir empfehlen Ihnen wärmstens, einige ihrer Arbeiten für zusätzliche Affirmationen zu lesen.)

**Mantra:**
Intakt und gesund, das ist mein Zustand.

## Die Kraft der Musik und der Liebe

(Eine wahre Geschichte über die Kraft der Liebe in einem Lied)

Karen hatte einen dreijährigen Sohn, Michael, als sie feststellte, dass sie schwanger war und ein Mädchen erwartete. Um Michael zu helfen, das neue Baby zu akzeptieren, und um ihm das Gefühl zu geben, wichtig zu sein, ermunterte Karen den kleinen Jungen, für seine Schwester zu singen. Jeden Tag sang er seiner Schwester etwas vor, während sie in Mami´s Bauch ruhte.

Die Schwangerschaft verlief normal, doch als das Baby geboren wurde, traten Probleme auf, und das Baby musste in einer Frühgeburtenabteilung untergebracht werden. Der Zustand des Babys verschlechterte sich von Tag zu Tag und es schien, als ob es nicht überleben würde.

Während der Krankheit seiner Schwester bettelte Michael seine Mutter an, ihn seine kleine Schwester sehen zu lassen. Er wollte für sie singen. Trotz der Warnungen des Krankenhauspersonals brachte Karen ihren Sohn zu ihrem Baby. Sie fürchtete, dass es das einzige Mal sein werde, wo er seine kleine Schwester jemals sehen würde, und sie war entschlossen, ihn für sie singen zu lassen.

Der kleine Michael trat zu seiner Schwester und betrachtete sie eine Weile. Dann begann er, das Lied zu singen, das er während ihres gesamten Lebens gesungen hatte.

*„You are my sunshine, my only sunshine,*
*you make me happy, when skies are gray …"*

Das Baby reagierte fast unmittelbar. Sein Puls wurde ruhiger und regelmäßig.

*„You never know, dear, how much I love you,*
*Please don't take my sunshine away."*

Die unregelmäßige, angespannte Atmung des Babys wurde regelmäßig und ruhig. „Sing weiter, Liebling," ermunterte Karen Michael.

*„The other night, dear, as I lay sleeping,*
*I dreamed I held you in my arms …"*

Nun begann das Baby sich zu entspannen. Michael sang weiter, Karen strahlte, und das Krankenhauspersonal staunte, während das Baby in einen friedlichen Schlaf glitt. Bereits am nächsten Tag ging es dem Baby so gut, dass es nach Hause geholt werden konnte, um schließlich bei seinem großen Bruder Michael zu sein.

(*„Your are my Sunshine"* von Jimmie Davies und Charles Mitchell)

♫

*Im Mutterleib,*
*wenn die erste Spur des Lebens*
*sich zu rühren beginnt,*
*ist Musik der Seele*
*Kindermädchen.*
*Sie wispert ihm ins Ohr*
*und das Kind schläft.*
*Die Klänge sind die Begleiter*
*seiner Träume.*
*Sie sind die Welt,*
*in der es lebt.*

*Antoine Bettina*

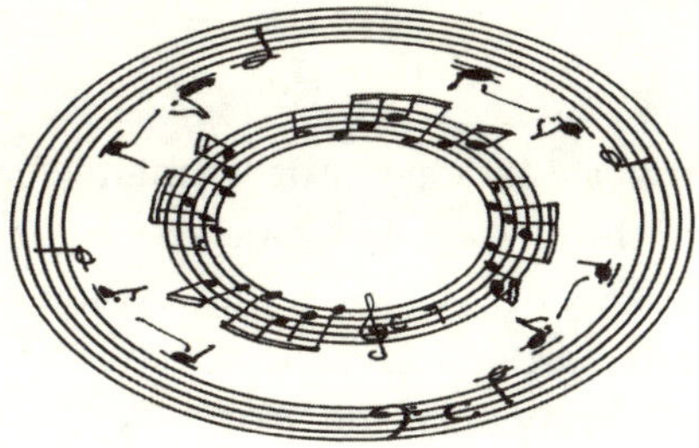

VIER

# Musik und Emotion

*„Musik kann zweierlei bewirken. Sie kann Brücken bauen und die Menschen dazu bringen, einander zu verstehen und die Unterschiede zwischen ihnen zu begreifen.*
*Oder sie kann Gräben graben und das Problem größer machen.*
*Rap macht das Problem größer."*

*Phil Collins*

Ein vierzehnjähriges Mädchen mit grünen Haaren, lila Lippenstift und einem Ring durch die Oberlippe stand vor uns, als wir spielten. Sie hörte zu, verzaubert, als die reinen Noten einer einfachen Weise aus Kates Harfe und Richards akustischer Gitarre kamen. Keine Synthesizer, kein Bass, keine Trommeln, keine Worte. Nur eine Melodie. Sie blieb regungslos. Wir wussten nicht, was sie dachte.

Dann plötzlich begann diese Kindfrau zu weinen. Die Tränen liefen ungehemmt über ihre Wangen und vermischten sich dort mit dem leicht lila Rouge. Als das Stück vorbei war, kam sie zu uns und nahm Kates Hand. „Danke", sagte sie. Dann eilte sie davon, immer noch schniefend, während sie zurückkehrte zu dem Lärm und dem Wirrwarr, die Las Vegas ausmachen.

Es sind Augenblicke wie diese, die uns dazu veranlassen, unsere Musik selbst in den schwierigsten Umgebungen weiterzuspielen. Jeden Tag sehen wir intensive Reaktionen. Die Tränen dieses Mädchens waren durchaus kein Einzelfall. Eine solche emotionale Reaktion auf Musik haben die meisten von uns zu irgendeinem Zeitpunkt erlebt.

Was hat Musik, was lässt uns so emotional auf sie reagieren? Warum finden so viele Menschen zur Musik, wenn sie verwirrt sind oder sich unwohl fühlen, oder wenn sie sterben?

Wir haben die physischen Auswirkungen von Frequenzen, die unseren Körper bombardieren, besprochen. Wir haben gesehen, wie Töne und Schwingungen helfen können, Krebs und Kopfschmerzen zu heilen. Dies sind alles wissenschaftlich kalibrierte, messbare Wirkungen von Schall.

Doch Musik ist natürlich mehr als nur Frequenzen und Töne, die mathematisch genau angeordnet sind und Melodien, Kontermelodien und Harmonie erschaffen. Sie ist eine starke Kraft, und es ist die emotionale Wirkung, an die sich die meisten von uns erinnern, wenn sie an die Macht der Musik denken.

Sogar der berühmte Psychoanalytiker C. G. Jung erkannte die ungeheure Macht der Musik über die menschliche Psyche. Er war der Meinung, dass Musik ein Teil jeder Analyse sein sollte, weil sie tief in jedes Individuum hineinreicht und sein Innerstes berühren kann. Musik könnte die Wurzeln des Problems eines Menschen erreichen, wenn viele andere Methoden versagen.

*„Die Musik des edlen Menschen ist sanft und zart,*
*hält eine gleichmäßige Tonart, belebt und berührt.*
*Ein solcher Mensch birgt in seinem Herzen weder Schmerz noch Trauer;*
*heftige und kühne Bewegungen sind ihm fremd."*

*Konfuzius*

Eine interessante Geschichte, die die Macht der Musik über Emotionen belegt, stammt aus dem alten Griechenland. Ein junger Sizilianer befand sich in einem Lokal, das einer unserer Bars entsprechen würde. Ein Flötenspieler machte Musik, auf eine Art, die man phrygisch nannte, entschieden keine entspannende, melodische Art von Musik. Als dieser junge Sizilianer nun so dasaß und der Musik horchte, wurde er immer wütender. Er glaubte, dass seine Geliebte ihn betrog und er war entschlossen, zu ihrem Haus zu gehen und es in Brand zu setzen. Je länger die Musik spielte, umso wütender wurde der junge Mann.

Schließlich begriff der berühmte Mathematiker Pythagoras, der sich ebenfalls in der Bar befand, was passierte, und befahl dem Musiker, mit dieser Musik aufzuhören. Der Flötenspieler wechselte zu einer anderen Tonart und spielte ein wunderschönes, beruhigendes, melodisches Stück. Der junge Sizilianer beruhigte sich sofort und kehrte nach Hause zurück, ohne irgendwelchen Schaden anzurichten.

## Liebe oder Angst inspirieren

Wie viele Filme haben Sie gesehen, in denen der Held die Jukebox zerstören oder den Raum verlassen musste, wenn ein bestimmtes Lied gespielt wurde? Die Musik weckt schmerzliche Erinnerungen und veranlasst ihn zu Gewalttätigkeit oder zu übermäßigem Trinken. Oder das Gegenteil passiert. Jemand wirft eine Münze in den Automaten, ein wunderschönes Lied ertönt, und ein Paar sieht sich über den Raum hinweg an. Ihre Augen treffen sich, sie fallen sich in die Arme und beginnen, in ihre Romanze hineinzutanzen.

Haben Sie jemals bemerkt, welch wichtige Rolle Musik in Ihrem Leben spielt, wenn Sie frisch verliebt sind? Viele von uns erinnern sich an das Lied, das gespielt wurde, als sie sich das erste Mal trafen, oder die erste Weise, zu der sie tanzten. Die meisten Paare haben ein Lied, das sie als das ihre betrachten, und es zu hören bewirkt gute Erinnerungen für viele Jahre.

Eng an die Brust deren Mutter geschmiegt, werden viele Babys durch die zarten, langsamen Noten von *Brahms Wiegenlied* oder einer anderen Weise eingelullt. Beim Ritual des Schlafengehens leitet die Mutter ihre leidenschaftliche Liebe zu ihrem Kind durch die Musik, und bewirkt Gefühle der Sicherheit und Wärme. Für ein Neugeborenes oder selbst für ein Baby in der Gebärmutter ist Musik die Sprache der Liebe. Jahre oder Jahrzehnte später kann der Klang eines geliebten Wiegenlieds bei älteren Menschen, die diese Weise als Kind gehört haben, tatsächlich den Herzschlag verlangsamen und den Blutdruck senken.

Diese emotionale Reaktion ist nicht auf Menschen beschränkt. Sie betrifft auch Tiere. In den siebziger Jahren gab es in Los Angeles einen Tierarzt, der wunderschöne Geigenmusik einsetzte, um seine Hunde- und Katzenpatienten zu beruhigen. Die Tiere waren so zufrieden, dass sie offensichtlich nicht weggehen wollten. Die Besitzer der Haustiere staunten und das Geschäft des Tierarztes florierte. Dieser Arzt wollte, dass seine vierbeinigen Patienten wussten, dass er jeden einzelnen von ihnen liebte, und für ihn gab es keine bessere Möglichkeit als Musik, um diese Emotion zu vermitteln.

Wenn Musik ein starker emotionaler Auslöser für Individuen ist, folgt daraus, dass die durch Musik ausgelösten Emotionen nicht nur Einzelpersonen und Gesellschaften, sondern den Lauf der Geschichte beeinflussen können. Durch Musik ausgelöste Emotionen durchwandern die ganze Erde und das Universum.

*„Musik beruhigt uns, wühlt uns auf;*
*sie weckt edle Gefühle in uns;*
*sie rührt uns zu Tränen, wir wissen nicht wie."*
*Charles Kingsley*

Daher ist es also sehr wichtig, ernsthaft darüber nachzudenken, was wir mit unserer Musik aussenden. Es gibt in Wirklichkeit nur zwei Emotionen – Liebe und Angst. Aus ihnen ergeben sich alle anderen emotionalen Reaktionen. Inspiriert die Musik, die wir machen, also Liebe oder Angst?

Wenn es stimmt, dass Gedanken *erschaffen* (und wir glauben, dass sie das tun), dann können auch die Gedanken, die durch die emotionale Reaktion auf Musik heraufbeschworen werden, erschaffen. Und wenn die Emotionen und Gedanken negativ oder hassenswert sind, dann ergibt sich daraus Zerstörung als eine natürliche Konsequenz.

*„Manche Menschen haben einen ausgeprägten Sinn für moralische Verantwortung; leider wird er getragen von wenig Sinn für gute Musik.*
*Andere Menschen haben große musikalische Fähigkeiten und sehr wenig Sinn für moralische Verantwortung."*

*Eric Clapton*

So vieles ist heute in der Musik voll Hass und dem Wunsch nach Vergeltung. Diese Eigenschaften kommen aus der Emotion der Angst, und sie senden noch mehr Angstschwingungen aus. Aus der Angst fließt Wut, und sie verursacht Verwüstungen und schafft Kranksein. Bedenken Sie die Wirkung, die grelle Töne, knirschende Effekte und ein abstoßender stimmlicher Vortrag auf Kinder haben. Ein Kind, das kontinuierlich dieser Art von Musik ausgesetzt ist, wird eine völlig andere Lebenseinstellung haben als ein Kind, das mit Brahms und Bach aufgewachsen ist.

Betrachten Sie nur einmal die musikalischen Veränderungen in unserer Gesellschaft seit den fünfziger und sechziger Jahren. Damals sang Elvis *Love me Tender* und die Beatles schrieen *She Loves You*. Harmonie und starke Melodien bestimmten die Musik und die Texte drehten sich um unschuldige Liebe und Beziehungen. Die Menschen ließen ihre Tür offen und sie machten sich sicher keine Sorgen, dass ihr Kind in der Schule erschossen werden könnte.

Seit damals, besonders in den letzten zwanzig Jahren, ist es, als ob Popmusik in ihrer Bewertung von „jugendfrei" zu „nicht unter 18 Jahren" fortgeschritten wäre. Man kann es hören. Vieles von der Musik, die junge Leute kaufen, ist greller und weniger melodisch geworden. Die eindeutigen Texte schildern plastisch, sie beschreiben Sex, Rassenhass, Gewalt gegen Frauen und Autoritätspersonen und Aufstand gegen alles, was die Gesellschaft zusammenhält. Ob Sie es glauben oder nicht, viele Aufnahmen werden heute tatsächlich mit Warnhinweisen verkauft. Zweck der Musik ist nicht, die Gesellschaft zusammenzuführen, sondern ihre Mitglieder zu entfremden und sie in Subkulturen zu unterteilen.

Ist es dann verwunderlich, dass Kinder Kinder töten, erwachsene Kinder ihre alten Eltern misshandeln und vollkommen Fremde jemanden niederschießen, der sie irrtümlicherweise im Straßenverkehr geschnitten hat? Eine ganze Generation ist nun dieser *wütenden* Musik ausgesetzt gewesen. Ihre Definition der Welt stammt aus diesem Wörterbuch des Klangs – aus dieser von Anarchie erfüllten Musik.

*„Wenn ich mit Menschen- und mit Engelszungen redete*
*und ich hätte die Liebe nicht,*
*so wäre ich ein tönendes Erz oder eine klingende Schelle."*

*Paulus, 1 Kor.13,1*

Was sollen wir also machen? Dies ist ein freies Land. Wir können das Schaffen von Musik nicht stoppen. Wir können keine Gesetze erlassen, um sie verschwinden zu lassen. Selbst wenn wir es versuchten, würde die Musik nur untertauchen und zu einer noch begehrenswerteren verbotenen Frucht werden für jene, die glauben, dass ihnen etwas vorenthalten wurde. Die Macher und Vertreiber dieser Musik würden ihr Ziel ereichen. Die Angst, die sie hervorrufen, würde sich in Paranoia ausdrücken und in sinnlosem In-Pose-Werfen von Politikern und Soziologen und Medien-„Wachhunden". Die Regierung könnte nach bestem Wissen versuchen, den Inhalt von Aufnahmen, Filmen und Videospielen zu regeln, doch es würde nichts helfen. Dadurch würde nur noch mehr davon hervorgebracht.

*„Wisse im Grunde deines Wesens,*
*dass der Weg zur Veränderung deines Lebens*
*und jenes der Menschen um dich herum*
*durch die Liebe führt."*

*Anonym*

Musik, die im Geist der Liebe erschaffen ist, sendet positive Energie ins Universum und zu den Menschen in ihm. Frieden, Hoffnung und Freude kommen alle aus der Emotion der Liebe. Wir wirken Angst, Hass und Paranoia entgegen, indem wir diese positiven, liebevollen Schwingungen zu allem aussenden, was in Reichweite der Musik liegt. Wir setzen die Mitglieder der Gesellschaft, insbesondere die jüngeren Menschen, die an Angst zugrunde gehen, einer Musik voll Schönheit und Anmut aus, die erhebt und erleuchtet.

Die westliche Gesellschaft war so lange niederen, dunkleren Formen der Musik ausgesetzt, dass sie zunehmend in Finsternis abgleitet. Um sie wieder ins Licht zu bringen, müssen wir bewusst die Tonspuren dieser Gesellschaft und des Planeten verändern.

Bringen wir den Massen die reinen Klänge von Flöten, Geigen, Sprechgesängen, Harfen und indianischen Trommeln. Wenn Eltern ihren Ungeborenen und Kleinkindern diese Art von Musik spielten, wenn Lehrer sie in ihren Klassenzimmern und wenn alle Manager sie über ihre Anlagen spielten – was für eine Veränderung könnten sie bewirken. Wenn all jene unter uns, die sich danach sehnen, wunderschöne, liebevolle Musik zu machen, ein Instrument aufnehmen und zu singen beginnen – stellen Sie sich die Energie vor, die dann ins Universum fließt! Wie wunderbar wäre es, wenn eine ganze Generation mehr Musik der Liebe als Musik der Angst hören würde.

So oft haben wir Angst, weil wir uns allein und verletzlich in einer erschreckenden Welt fühlen. Doch wenn wir uns ruhig hinsetzen und Engelsmusik hören, erinnern wir uns daran, dass wir von Liebe umgeben sind und dass wir unser Herz den Wundern des täglichen Lebens öffnen können. Wenn wir die Emotion der Liebe durch die Musik verbreiten, wird jeder von uns feststellen, dass Gesundheit und innerer Frieden leichter zu erreichen sind.

*Musik sollte geradewegs durch uns hindurchgehen,*
*etwas von sich selbst in uns zurücklassen*
*und einiges von uns mitnehmen,*
*wenn sie uns verlässt.*

*Henry Threadgill*

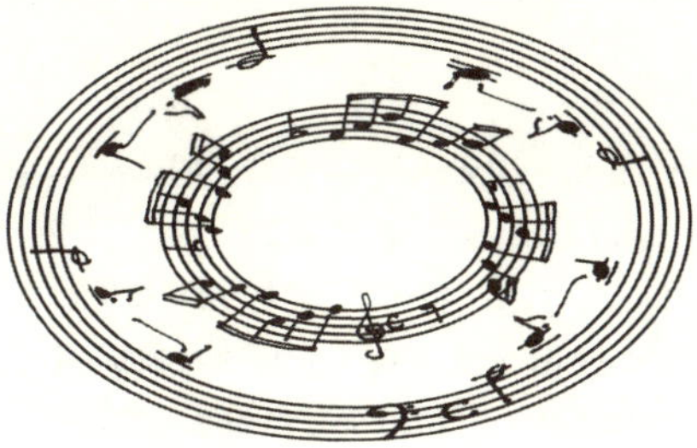

FÜNF

# Musik zur Stressreduzierung

*„Wir müssen unser Werk gewissenhaft vollbringen,*
*ohne Ärger oder Unruhe,*
*unseren Geist sanft*
*und mit Gelassenheit zu Gott zurückrufend,*
*wann immer er wegwandert von Ihm."*

*Bruder Lawrence,*
*The Practice and Presence of God*

Wir möchten nicht abgedroschen klingen oder Kapital aus der Krankheit des Jahrhunderts schlagen, doch wir können Sie nicht auf die Reise zum inneren Frieden schicken, wenn Sie gestresst sind und von morgens bis abends rennen. Stress ist das Problem Nummer eins, mit dem die meisten Menschen fertig werden müssen. Stress wegen Geldproblemen, Problemen bei der Arbeit, familiären Angelegenheiten, Gesundheit, sogar wegen des Pendelns zur Arbeit ... die Liste ist endlos. Wenn wir unsere Konzerte geben oder Workshops über Heilmusik abhalten, ist das häufigste Leiden, von dem die Menschen uns erzählen, Stress.

Die Menschen greifen zu Alkohol, Drogen, häufigem Sex, alles in dem irregeleiteten Versuch, das, was sie als Stress empfinden, herabzusetzen. Am anderen Ende des Spektrums werden jedes Jahr Millionen, vielleicht sogar Milliarden Dollar für Stressreduktion ausgegeben. Psychotherapie, Massage, Yogakurse, Meditationskurse, Einkehrtage – dies sind nur einige Beispiele für die Art, auf die Menschen versuchen sich zu entspannen.

Doch auf dem Rückweg von ihren Yogakursen, ihrem Urlaub oder von Einkehrtagen haben sie mit Staus und Aggressionen im Verkehr und Kohlenmonoxid-Abgasen zu kämpfen. Wenn sie nach Hause kommen, stürzen die Kinder auf sie zu, jemand möchte Abendessen und das Fernsehgerät plärrt die neuesten Nachrichten heraus. Am nächsten Tag gehen sie wieder ihrem Beruf nach, wo eine Menge Arbeit auf sie wartet, das Telefon hört nicht auf zu klingeln und sie müssen ein neues Computerprogramm erlernen oder riskieren, wegrationalisiert zu werden. Es ist im modernen Leben sehr schwer, verbunden zu bleiben mit dem Teil von uns selbst, der uns Freude und Frieden gibt. Es ist schwer, mit Liebe im Herzen zu leben, wenn das einzige, woran Sie wirklich denken können, das Entkommen ist.

Stress zerstört den inneren Frieden. Stress beraubt den Geist seiner Fähigkeit, sich auf die Dinge im Leben zu konzentrieren, die Freude und Zufriedenheit bringen. Wir alle haben verschiedene Stresspegel erlebt, manche mehr als andere, und wenn Stress außer Kontrolle gerät, findet ein gefährliches Ausmaß an subtiler emotionaler und physischer Veränderung statt. Hier kann die richtige Art von Musik Erleichterung verschaffen.

Wenn ein Mensch völlig überlastet ist, können die kreischenden, stark metallischen Klänge der Gruppe Metallica alles noch schlimmer machen. Wiederholt „It's a Small, Small World" zu hören, kann ihn andererseits völlig ausrasten lassen. Die Art von Musik, die zur Reduktion und Eliminierung von Stress erforderlich ist, ermöglicht es ihrem Geist, in Frieden zu wandern. Die Musik ist ein Kanal für Ihre Fantasie und macht es Ihnen möglich, sich vom Ursprung Ihres Stresses zu entfernen.

## Ein Ort des Friedens

Versuchen Sie das jetzt mit *Millennium*, der diesem Buch beigefügten CD. Hören Sie sich das erste Stück an. Schließen Sie die Augen, atmen Sie tief und lassen Sie Ihren Geist durch ein ruhiges Tal des Friedens wandern. Stellen Sie sich die Farbe des Himmels vor, die Schönheit der Schmetterlinge, die Wärme der Sonne. Lassen Sie Ihre Vorstellung aufsteigen. Wandern Sie. Betrachten Sie diesen Ort, den Sie erschaffen haben. Erinnern Sie sich an die Einzelheiten.

Während die Musik weiter spielt, stellen Sie sich vor, wie die aufgestaute Dunkelheit des Stresses vollständig aus Ihrem Körper entweicht. Stellen Sie sich vor, wie all dieser Stress fortfließt und Sie vollkommen verlässt. Ihr Körper wird beginnen sich zu lockern und physisch zu entspannen.

Während Sie entspannen, werden Sie feststellen, dass Gedanken an Menschen und Ereignisse auftauchen, die bei Ihnen Stress bewirken. Nehmen Sie bewusst jede nagende Sorge, jeden unangenehmen Gedanken oder jede Aufgabe, die Ihnen einfällt, wahr, und sagen Sie dann: „Ich entspanne mich jetzt. Lass es gut sein für den Augenblick. Ich werde mich später mit dir beschäftigen." Sie werden davonhuschen. Sie können warten. Sagen Sie jedes Mal, wenn sie zurückkommen: „Geh weg." Ersetzen Sie diese Gedanken durch das Bild dieses friedlichen Ortes, an dem Sie ruhen.

Spüren Sie, wie die schwere Last von Angst, Stress und Erwartungsdruck dem Licht Platz macht, dem erhabenen Gefühl, ein persönliches Heiligtum zu finden, zu dem Sie wieder und wieder zurückkehren können. Nach 15 Minuten werden Sie erfrischt, verjüngt und um vieles glücklicher auftauchen.

## Zeit für die Familie

Kinder können eine unglaubliche Menge Stress aufgestaut haben. Erinnern Sie sich noch an den Druck der Gleichaltrigen, an die Prüfungen und an die Sorge, als letzter für das Baseballteam ausgesucht zu werden? Nun stellen Sie sich vor, wie das sein muss, jeden Tag nach Waffen durchsucht zu werden. Wie ist das, mit Schülern zusammen zu sein, die Speed, Kokain und andere Drogen verkaufen, selbst in den angesehensten Schulen? Es ist heute ganz anders, ein Kind zu sein.

Stress manifestiert sich in Wutanfällen, Auflehnung, Schwierigkeiten in der Schule, Zurückziehen, physischen Leiden und sogar Selbstmord. Stress kann die allgemeine Haltung eines Kindes zum Leben und auch zu Ihnen beeinflussen, und die Kluft, die oft zwischen einem Elternteil und einem Jugendlichen aufkommt, noch schneller wachsen lassen.

Eltern wissen nicht, was sie dagegen tun sollen. Sie bringen ihr Kind zu einem Arzt, der, weil es leichter ist, als sich mit den zugrundeliegenden Ursachen für Stress zu beschäftigen, die Krankheit des Jahrzehnts, Aufmerksamkeitsdefizitstörung, diagnostiziert und das Kind auf ein Medikament einstellt. Wir wissen, dass es vielen Kindern, denen man Medikamente verabreicht, damit sie konzentriert bleiben oder sich beruhigen, viel besser ginge, wenn ihre Eltern oder anderen Betreuer ein wenig Musiktherapie mit ihnen teilen würden.

Bitten Sie Ihren Sohn oder Ihre Tochter, sich neben Sie auf das Sofa zu setzen und die Augen zu schließen. Vielen Menschen, vor allem Kindern, fällt es schwer, die Augen wirklich zu schließen, und daher funktioniert eine einfache Augenbinde ganz gut. Atmen Sie tief. Entspannen Sie.

Bringen Sie Ihr Kind sanft dazu, in seiner Vorstellung zu einem Ort zu wandern, der wunderschön und grün ist (Grün ist eine wichtige Farbe für Stresserleichterung). Dort gibt es eine Menge Bäume und einen Bach, der durch eine Lichtung fließt. Sie kennen Ihr Kind, also können Sie ihm zu einem Ort helfen, den Sie vielleicht während eines Familienurlaubes besucht haben oder zu einem Ort, der einem Bild in einem Lieblingsbuch ähnelt. Helfen Sie, seine Fantasie zu diesem wundervollen, friedlichen Ort zu führen.

Sagen Sie ihm dann, dass alle Dinge, die ihm Sorge bereiten, in diesen Bach fallen. Oder vielleicht kann es sie in diesen Bach werfen. Dann werden sie fortgetragen und Ihr Kind kann sich entspannen.

Dies ist eine sehr einfache Methode für Sie beide, und es ist eine wunderbare Möglichkeit für Sie, wertvolle, gute Zeit miteinander zu verbringen.

## Aktive Stressreduzierung

Manchmal ist ein wenig mehr verlangt, um zu entspannen. Sie können laufen, in einem Fitnesscenter trainieren, vielleicht sogar boxen. All das sind ausgezeichnete Methoden, den Körper physisch zu ermüden und aufgestaute körperliche Spannung loszulassen.

Es ist absolut richtig, dass Sie Stress eliminieren und sich emotional besser fühlen können, wenn es Ihnen körperlich gut geht. Welche Art von körperlicher Tätigkeit Ihnen auch gefallen mag, üben Sie sie regelmäßig aus. Und tun Sie es zu Musik. Musik hilft Ihnen, einen Rhythmus im Training beizubehalten, und sie hilft Ihnen, sich auf die Bewegungen des Körpers zu konzentrieren.

Beachten Sie: Wenn Sie eine Aerobic-Übung zu Musik machen, spielen Sie sie nicht laut über Ihre Kopfhörer. Eine zu hohe Lautstärke kann Ihrem Gehörvermögen schwer schaden, weil das Blut in die Lungen und Gliedmaßen gepumpt wird, weg von den empfindlichen Geweben im Ohr. Sie reagieren in dieser Zeitspanne empfindlich auf Schwingungen.

## Nehmen Sie sich Zeit für sich

Kate war kürzlich in einer Arztpraxis, und an der Wand hing ein Poster, das verkündete: „Alles, was ich wirklich im Leben wissen muss, habe ich im Kindergarten gelernt". Es war tatsächlich das perfekte Rezept für das Leben, und da wir uns nicht genau daran erinnern, geben wir es hier frei wieder.

*„Teile dein Spielzeug mit anderen, räume hinter dir auf, sei kein Rüpel, drängle dich nicht vor, weine, wenn du möchtest, und halte stets ein Nachmittagsschläfchen."*

Wir stimmen all diesen Ermahnungen zu, vor allem jener, ein Nickerchen zu machen. Als Sie die Hörübungen weiter vorne in diesem Kapitel machten, sind Sie sicher schläfrig geworden. Vielleicht sind Sie sogar eingeschlafen. Das ist gut. Eines der Dinge, die wir wärmstens zur Stressreduktion empfehlen, ist ein Schläfchen zu halten. Vor allem, wenn Sie einschlafen können, während Sie meditative, beruhigende Musik hören. Was sehr wichtig ist: Lassen Sie die Musik weiterspielen, während Sie schlafen.

Einstein und Edison, zwei der profiliertesten und schöpferischsten Denker unserer Zeit, machten oft ein Nickerchen. Hätten sie die heutige Sprache verwendet, hätten sie vielleicht von „Powernickerchen" gesprochen, weil sie in der Lage waren, nach dem Schläfchen auf die unglaublichsten Ideen zu kommen.

Die meisten von uns haben nicht die Möglichkeit, im Büro oder in der Fabrik ein Nickerchen zu machen, doch nichts spricht dagegen, eines zu machen, wenn wir von der Arbeit nach Hause kommen. Außer wenn Sie ein hungriges Kind haben oder ein Haustier ausführen müssen, eilt nichts so sehr, als dass Sie nicht ausruhen könnten, bevor Sie das Abendessen zubereiten. Legen Sie *Millennium* in den CD-Player, schließen Sie die Augen und lassen Sie sich zu einem ruhigen, erholsamen Ort führen. Wenn Sie aufwachen, werden Sie einen angenehmeren Abend verbringen und sich friedlicher fühlen.

Lehrer sollten diese sanfte, entspannende Musik einsetzen, um Vorschul- und Kindergartenkinder vor ihrem Schläfchen zu beruhigen. Mit beruhigender Musik, werden die Kinder viel rascher zum Schlafen bereit sein, als wenn sie nur auf ihre Matten gerufen werden und man ihnen sagt, sie sollen „Still sein und schlafen!" Wenden Sie diese Technik bei Ihren kleinen Kindern zu Hause an. Die gute Nebenwirkung ist, dass es auch Sie beruhigen wird.

Eine andere unglaubliche Art, mit Stress umzugehen, ist einmal oder mehrmals am Tag eine Musikpause einzulegen. Ob Sie zu Hause sind und sich mit einem eigensinnigen Zweijährigen beschäftigen, ob sie bei der Arbeit mit einem mürrischen Boss fertig werden müssen oder ob Sie in dichtem Verkehr auf der Straße sind, Musik ist ein sehr positives Gegenmittel gegen Stress.

Wenn Ihr Arbeitstag stürmisch wird, nehmen Sie sich wenn möglich einige Minuten Zeit, weg von den Dingen, sitzen Sie still und hören Sie die Musik, die diesem Buch beigefügt ist. Sie wird Ihren Herzschlag verlangsamen, Ihren Blutdruck herabsetzen und Sie werden sich allgemein friedlicher fühlen. Sie werden in der Lage sein, besser zu denken und leichter mit Schwierigkeiten fertig zu werden.

Wir raten dies den Menschen in unseren Workshops und wir bekommen oft Antworten wie „Ich bin so gestresst! Wie kann ich mich entspannen, wenn ich fürchte, dass ich die Zeit, die ich zum Entspannen nutze, von den Dingen wegnehme, die ich erledigen sollte? Wenn diese Dinge nicht erledigt werden, bin ich noch gestresster!" Das ist wirklich eine schwierige Frage, doch bedenken Sie den Zustand Ihres Lebens. Wenn Sie sich nicht die Zeit nehmen können, sich Ihren emotionalen und spirituellen Bedürfnissen zu widmen, wie werden Sie da jemals die Kraft haben, sich um all die anderen Dinge in Ihrem Leben zu kümmern?

Und selbst wenn Sie sich Zeit nehmen und sich bemühen, den Stress in Ihrem Leben zu verringern, können Sie sich nicht zwingen, in Frieden zu sein. Das ist, als ob Sie sich zwingen wollten, glücklich zu sein. Das ist unmöglich. Alles, was Sie wirklich tun können, ist in der Gegenwart zu sein, im Jetzt. Wenn Sie daran denken, wenn Sie Ihre Musik hören, wenn Sie Ihren täglichen Aufgaben nachkommen, werden Sie sich viel friedlicher fühlen.

*„Wir sind wie Fische, die in einem Meer von Frieden schwimmen und sich weigern, ihn wahrzunehmen, während wir doch sein Wesen selbst einatmen. Die Zeit wird kommen, in der wir wissen, was wir einatmen …"*

*Alan Harris*

Alles, was wir Ihnen empfehlen, ist darauf ausgerichtet, einen inneren Ort des Friedens zu schaffen. Wenn etwas davon bei Ihnen nicht funktioniert, ist das in Ordnung. Doch es ist auch in Ordnung, sich die Zeit zu nehmen, es zu versuchen. Stress ist mit innerem Frieden unvereinbar. Sie sind der Mühe wert, derer es bedarf, um Stress zu reduzieren, damit Sie in allen Herausforderungen, die dieses menschliche Abenteuer Ihnen bringt, gesünder und glücklicher sind.

*Singt und tanzt miteinander und seid fröhlich,*
*doch lasst jeden von euch für sich sein,*
*so wie die Saiten der Laute allein sind,*
*obwohl sie zu der gleichen Musik erzittern.*

*Kahlil Gibran*

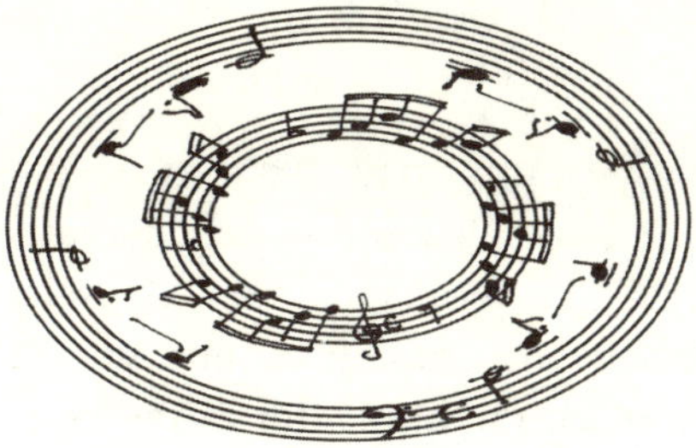

## SECHS

# Traurigkeit und Depressionen heilen

*„Wenn wir die Sterne lieben können,*
*ohne die Weite des Himmels zu kennen,*
*können wir an Wunder glauben.*
*Wenn wir nach dem heftigsten Sturm*
*an Regenbogen glauben können,*
*können wir an die Hoffnung glauben.*
*Irgendwo hinter den Wolken, hinter dem Regen,*
*gibt es Tausende von Regenbogen.*
*Einer wird den Weg zu Ihnen finden."*

*Anonym, aus dem Internet, 1999*

Zu irgendeinem Zeitpunkt haben die meisten von uns an Niedergeschlagenheit gelitten. Druck am Arbeitsplatz oder in der Familie, Zeiten, in denen man von geliebten Menschen getrennt war, oder die Rückkehr zur Arbeit nach einem besonders schönen Urlaub können uns das Gefühl vermitteln, nicht auf der Höhe und irgendwie traurig zu sein. Meistens dauert es einige Stunden oder höchstens einige Tage, und ein lustiger Film oder ein Spaziergang zu einem Lieblingsplatz ist alles, was wir brauchen, um die Stimmung zu verändern.

Es ist in Ordnung, solche Zeiten der Depression zu haben, weil wir alle Zeit brauchen und den Kopf frei haben müssen, um uns selbst ein wenig zu verwöhnen. Wir müssen Dinge in unserem Leben neu bewerten, und manchmal können wir das nur tun, wenn wir in einer nachdenklichen, vielleicht sogar traurigen Verfassung sind.

Doch wenn diese Episoden zunehmend häufiger werden, länger andauern und schließlich alles andere verdrängen, ist das eine Depression. Einsamkeit, Isolation, Verzweiflung und Hoffnungslosigkeit nehmen überhand. Die einfache Tatsache, morgens aus dem Bett zu steigen, wird zu einer großen Leistung. Diesen unglücklichen Menschen erscheint das Ideal inneren Friedens womöglich wie ein unerreichbarer Haupttreffer in der Lotterie.

Depression zeigt sich nicht im Scannerbild, in Röntgenstrahlen und Bluttests. Menschen, die jemandem nahe stehen, der an einer Depression leidet, haben Schwierigkeiten zu verstehen, dass Ermahnungen und Drohungen die geliebte Person nicht aus ihr herausreißen können. Und während die Menschen, die an Depressionen leiden, das Gefühl haben, dass sie allein durch ihre persönliche Hölle gehen, ist es eine Tatsache, dass die, die ihnen am nächsten stehen, ebenfalls leiden.

Es gibt viele Medikamente, die angeblich Depressionen lindern. Obwohl diese Medikamente in der Tat die Symptome unter Kontrolle halten, können sie die Krankheit nicht heilen. Man muss nach der Ursache suchen und sie entfernen. Regression und Psychotherapie, Hypnose und sogar Wiedergeburtssitzungen sind alles ausgezeichnete Möglichkeiten, mit den Problemen umzugehen, die zu der Depression geführt haben. Doch ein sehr nützliches, leicht zugängliches Werkzeug wird vollkommen ignoriert.

Das Werkzeug ist natürlich die geheime Macht der Musik. Ob Sie an gelegentlichen Anfällen von Niedergeschlagenheit leiden oder permanent in den Tiefen einer Depression verhaftet sind – Musik kann sich stark auf

Ihre mentale Gesundheit auswirken. Wenn die richtigen Arten von Musik mit geführten Fantasiereisen und/oder Meditation kombiniert werden, können sogar bei schwer depressiven Menschen die Auswirkungen wie ein Wunder erscheinen.

*Musik ist wie ein spirituelles Vitamin, das die Seele mit Kraft, Gewissheit und Hoffnung versorgt.*

Wir haben bereits über die Wirkungen gesprochen, die bestimmte Frequenzen, Töne und Schwingungen auf den physischen Körper haben. Wir haben auch unsere emotionalen Reaktionen auf verschiedene Stile und Genres von Musik betrachtet. Nun können wir dieses Wissen über die Kraft der Musik nutzen, um Traurigkeit und Depression zu vertreiben und die Freude einzufordern, die uns rechtmäßig zusteht.

Wenn jemand Sie fragte: „Was ist los? Warum sind Sie so traurig?", was würden Sie sagen? Glauben Sie, dass Sie zu dick sind, zu dünn, nicht attraktiv oder klug genug? Dass Sie nicht genug Geld verdienen, nicht genug Freunde haben oder dass es niemanden gibt, der Sie liebt? Angesichts all dieser Dinge, von denen wir überzeugt sind, dass sie nicht in Ordnung sind in unserem Leben, ist es ein Wunder, dass überhaupt irgend jemand mit einem Lächeln durch dieses Leben geben kann. Wir sind einfach nicht glücklich mit uns.

Wir warten auf eine Beförderung, darauf, abzunehmen, auf ein neues Auto, darauf ein Kind zu bekommen ... dann werden wir glücklich sein. Doch natürlich gibt es keine Garantie, dass es uns glücklich machen wird, wenn wir eines dieser oder alle diese Dinge bekommen. Alles, was wir erreicht haben, ist ein toller Job, ein perfekter Körper, ein schnelles Auto, ein Baby. Was passiert, wenn Ihnen klar wird, dass nichts mehr bleibt, wonach Sie noch streben könnten?

Das Schlimmste, was passieren könnte, ist festzustellen, dass es keine Hoffnung mehr auf Glück gibt, weil es nichts mehr zu erobern oder zu erwerben gibt. Da draußen gibt es nichts, was Ihnen Freude bereitet. Was machen Sie also? Sie müssen bedenken: Freude und Glück sind in uns, leben Seite an Seite mit dem Frieden. Sie brauchen Sie nur anzunehmen und zu ergreifen. Es muss Ihnen bewusst werden, dass Sie bereits alles besitzen, was Sie brauchen, um wirklich glücklich zu sein.

Jeder von uns ist ein starkes, spirituelles Wesen. Wir sind alle Funken von demselben Schöpferlicht. Wenn wir in Verbindung bleiben können zu dem mächtigen Schöpfer, der in uns ist, können wir erkennen, dass wir unser eigenes Glück erschaffen. Für die Freude sind wir auf nichts und niemanden angewiesen.

Doch um auf Ihr inneres, kreatives Ich zu hören, müssen Sie zuerst lernen, über all dem Lärm, der unser modernes Leben umgibt, Ihr inneres Selbst zu hören.

## Zuhören

Gehen Sie zu dem stillsten Ort, den Sie kennen, und bleiben Sie einfach fünf Minuten lang sitzen. Sitzen Sie still. Horchen Sie. Zuerst mag es Ihnen scheinen, als ob Sie nichts hörten, doch es wird kommen. Hören Sie auf das Summen der Klimaanlage, das Zwitschern eines Vogels, auf den Wind, der in den Bäumen raschelt, oder auf das Surren der Elektrizität in Hochspannungsleitungen. Horchen Sie auf jedes einzelne dieser Geräusche. Konzentrieren Sie sich immer nur auf eines. Sie werden beginnen, sie tief in sich zu spüren; die Geräusche werden für Sie einen Rhythmus entwickeln.

Wenn Sie lange und still genug sitzen, werden Sie beginnen, Ihren eigenen Körper zu hören. Vielleicht möchten Sie sich die Ohren zuhalten, damit Sie sich wirklich auf Ihre eigenen inneren Klänge konzentrieren können. Sie werden (vielleicht zum ersten Mal) Ihre Atmung hören. Horchen Sie auf das Schlagen Ihres Herzens. Regulieren Sie Ihre Atmung. Verändern Sie ihren Rhythmus. Horchen Sie.

*Trainieren Sie Ihr Herz aufs Zuhören.*

Nun nutzen Sie diese neuentdeckte Fähigkeit, um Musikstücke zu hören. *Millennium* ist sehr gut, weil die reinen, als einfache Melodien arrangierten Töne es Ihrem Geist ermöglichen, sich zu konzentrieren; Sie können bewusstes Zuhören üben. Hören Sie die Musik mit der gleichen Aufmerksamkeit, die Sie soeben der Stille und Ihrem eigenen Körper gewidmet haben. Lassen Sie sie zu einem Ort in Ihrem Inneren bringen, wo Sie sich an Ereignisse oder Menschen erinnern können, die Sie traurig gemacht oder enttäuscht haben. Wenn diese Dinge Sie deprimieren, liegt das vielleicht daran, dass Sie über die Bedeutung, die sie für Sie haben, ein Urteil gefällt haben.

Lassen Sie nicht zu, dass Urteile Sie daran hindern, das Gute zu sehen, das jenseits von Erfahrungen liegt. Lassen Sie Ihre Urteile los und genießen

Sie. Wenn Sie ehrlich zu sich selbst sind, werden Sie wahrscheinlich erkennen, dass es keinen Grund gibt, sich über diese Dinge oder Menschen Gedanken zu machen. Das kann Ihnen ein ungeheures Gefühl der Erleichterung verschaffen und Sie sogar zum Weinen bringen.

Das ist gut, denn Weinen setzt aufgestaute Emotionen frei und ermöglicht es der negativen Energie, aus dem Körper zu fließen. Sie müssen dann diese negative Energie durch positive Gedanken und Gefühle ersetzen, die in Affirmationen wie den folgenden ausgedrückt werden:

*Ich habe mein Schicksal in der Hand. Ich beschließe jetzt, dass ich glücklich und zufrieden bin.*

*Ich bin schön, stark und kreativ. Ich kann alles machen.*

*Ich bin in diesem Augenblick an dem besten Ort, an dem ich sein kann.*

Hören Sie noch eine Weile die Musik. Erstellen Sie Ihre eigenen Affirmationen, die bestätigen, was Sie in Ihrem Geist und in Ihrem Herzen wissen – dass Sie Ihr Glück in der Hand haben.

Gehen Sie einen Schritt weiter. Stellen Sie sich selbst an einem Ort der Schönheit, einem Ort des Friedens vor. Stellen Sie sich den schönsten Ort vor, an dem Sie sein können, und seien Sie dort.

Fühlen Sie, wie Freude und Frieden Sie überfluten und zu einem Teil von Ihnen werden. Nutzen Sie die Musik, um Ihr Ich jetzt und immer dann, wenn Sie unglücklich sind, zu diesem Ort zu bringen. Denken Sie stets daran, dass Sie diesen wunderbaren Ort und diese positiven Gefühle erschaffen haben, und dass Sie Ihnen gehören, wann immer Sie wollen.

## Vergeben und Vergebung erhalten

Während Sie an diesem Ort des Friedens sind, den Sie und die Musik erschaffen haben, beginnen Sie vielleicht, an andere Dinge zu denken, durch die Sie sich schlecht fühlen. Gibt es jemandem, von dem Sie glauben, dass er Sie verletzt hat? Hegen Sie Groll dieser Person gegenüber? Ungelöste Fragen wie diese neigen dazu, zu Geschwüren und zu Depressionen und anderen emotionalen Problemen zu führen, und Sie sollten diese Gelegenheit ergreifen, um sie loszuwerden.

Sie mögen nicht in der Lage sein, unmittelbar mit diesen Personen zu sprechen, doch Sie können sich vorstellen, dass Sie sie treffen, um die Situation zu bereinigen. Lassen Sie sich wieder in die Musik hineinziehen, an Ihren friedlichen Ort, stellen Sie sich vor, dass diese Personen mit Ihnen dort sind, dass sie direkt vor Ihnen stehen. Sie lächeln, so wie Sie. Achten Sie darauf, was sie tragen, wie sie aussehen. Schauen Sie sie wirklich an, schauen Sie ihnen in die Augen. Wenden Sie sich an jeden von ihnen mit den Worten:

*„Ich vergebe dir, vollständig und freiwillig. Ich lasse dich frei*
*und lasse dich hin zu dem, was am besten für dich ist.*
*Zwischen uns ist alles bereinigt, jetzt und für immer.*
*Ich lasse dich zu deinem eigenen Frieden schreiten."*

Denken Sie nun an die Menschen, die Sie verletzt haben mögen. Das schließt Sie selbst ein. Haben Sie etwas getan, was jemand anderem Kummer oder Schmerz bereitet hat? Vielleicht ist es diesen Menschen nicht bewusst, aber Ihnen. Sie tragen es in sich. Jetzt ist der Zeitpunkt gekommen, alles zu bereinigen. Stellen Sie sich wiederum vor, Sie seien an Ihrem friedlichen, sicheren Ort, und diese Menschen sind da. Hören Sie, wie sie Ihnen sagen, dass sie Ihnen vergeben haben. Alles ist zwischen Ihnen bereinigt und Sie können auf Ihren eigenen Frieden zuschreiten. Sie werden staunen, wie viel glücklicher Sie sein werden, wenn Sie einmal gelernt haben, Vergebung zu gewähren und zu akzeptieren.

## Erschaffen Sie Ihre Freude

Wir haben das schon oft in diesem Buch gesagt und wir werden es wieder sagen, weil es so wichtig ist. Um Ihr Ich wahrhaftig zu sehen, Ihren Wert zu erkennen und sich in Frieden zu fühlen, ist nichts so wirksam wie etwas zu erschaffen. Besonders wirksam ist es, Musik zu erzeugen. Ob mit Ihrer Stimme oder mit einem Instrument, dieser eindeutige Schaffensakt wird Ihnen Freude bereiten.

Ein Teil Ihrer Seele wird stimuliert, wenn Sie Musik machen. Es ist eine ehrliche, unzensierte Läuterung des Ichs. Setzen Sie Ihre aufgestauten Ängste, Sorgen und Ihre Traurigkeit durch Singen frei. Stimmen Sie traurigen Blues an, wenn Sie wollen. Erfinden Sie ein Lied, das erklärt, warum Sie niedergeschlagen sind. Schlagen Sie auf einer Trommel, spielen Sie auf einer Flöte. Klimpern Sie auf einer Gitarre. Machen Sie Ihre eigene Art von Musik.

Sie haben alles in Ordnung gebracht. Sie haben lang bestehende Probleme angesprochen. Sie haben Ihre Kraft als Schöpfer erkannt. Sie können Traurigkeit und Gefühle des Selbsthasses wegschieben und Ihr Herz öffnen. Sie können die Fülle, die Ihnen gegeben wurde, sehen und genießen. In diesem wunderbaren Zustand der Akzeptanz und der Freude kann sich einfach keine Depression durchsetzen und Sie werden inneren Frieden und Gesundung erlangen.

*„Unsere Existenz ist vergänglich*
*wie Herbstwolken.*
*Geburt und Tod allen Daseins zu betrachten,*
*ist wie den Bewegungen eines Tanzes zuzusehen.*
*Ein Leben ist wie ein Blitz am Himmel,*
*vorbeischießend, wie ein reißender Bach,*
*einen steilen Berg hinab."*

*Buddha*

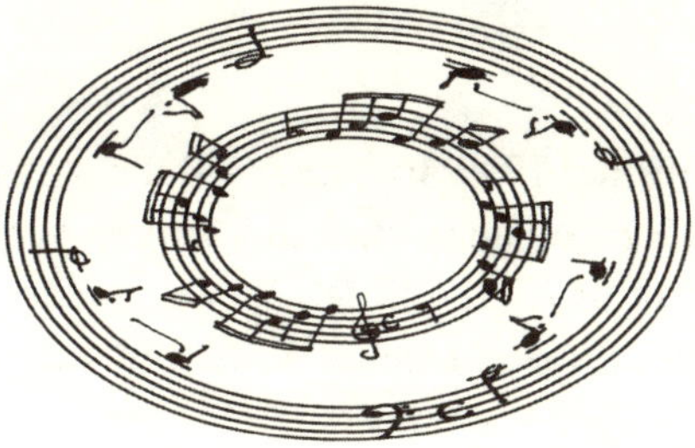

## SIEBEN

# Alles hat seine Stunde

*„Alles hat seine Stunde,*
*für jedes Geschehen unter dem Himmel gibt es eine bestimmte Zeit:*
*Eine Zeit zum Gebären und eine Zeit zum Sterben (...)*
*Eine Zeit zum Töten und eine Zeit zum Heilen (...)*
*Eine Zeit für die Klage und eine Zeit für den Tanz."*

*Prediger, Kapitel 3*

Als wir im Sommer 1999 an diesem Buch schrieben, wurde unsere schöne zehnjährige Schäferhündin Timber während eines Morgenspazierganges mit Kate getötet. Eine unachtsame Fahrerin, die auf der falschen Straßenseite raste, streifte Kate und fuhr dann unser „kleines Mädchen" nieder.

Zum ersten Mal in unserem Eheleben sahen wir uns mit einem schrecklichen Ereignis konfrontiert, über das wir keine Kontrolle hatten. Wir konnten nichts tun, um es wieder gut zu machen. Kein Ausmaß an Arbeit, Tränen, Schimpfen, Beten, nicht einmal Musik, konnte sie zurückbringen.

Timber war eine vollkommene kleine Seele, die überall Liebe ausstrahlte, wo sie hinging. Sie kam von allem, was wir hatten, einem Kind am nächsten, und sie war unsere Inspiration. Die Liebe, die sie uns schenkte, strahlte durch unsere Musik auf alle Menschen um uns herum aus. Was sollten wir ohne dieses Licht, das uns leitete, tun? Woher sollte unsere Inspiration kommen? Timbers Ableben veränderte uns für immer und zwang uns, uns einer menschlichen Emotion zu stellen, der wir uns alle früher oder später stellen müssen: Trauer.

Eine Woche, nachdem Timber gestorben war, starben John F. Kennedy Jr. und seine Familie bei einem Flugzeugabsturz. Wieder erfuhren wir Trauer; diesmal als mitfühlende Außenseiter, die mit der Nation den Verlust von weiteren Glanzlichtern der Gesellschaft beklagten. Es wurde noch schlimmer, mit Schießereien in einer Kirche in Texas, einem verheerenden Erdbeben in der Türkei, mörderischen Fluten in North Carolina und noch einer Schießerei in einer Vorschule in Kalifornien. Es schien, als ob überall wunderbare Menschen genommen worden waren, und den Familien blieb nur das Klagen.

Durch all diese so dicht zusammenfallenden Ereignisse hatten wir die Gelegenheit, mit vielen Menschen über Trauer zu sprechen. Menschen, die normalerweise nicht mit uns über ihre Verluste gesprochen hätten, erzählten uns davon, und wir arbeiteten zusammen daran, wie wir unseren Schmerz lindern könnten. Wir trauerten nicht nur um die Leben, die verloren waren, sondern auch um die Gelegenheiten, die Hoffnung und die Vitalität, die mit ihrem Tod verloren gingen.

Es half uns zu erkennen, dass es bei Trauer nicht nur um ein geliebtes Wesen geht; es geht auch um verpasste Gelegenheiten. Es geht um den Verlust der Unschuld, um den Verlust von Hoffnung und Freiheit. Wir haben alle unerledigte Geschäfte, unausgesprochene Worte, verpasste Momente und ungelöste Fragen. Wir erkennen, dass wir vielleicht nie mehr in der

Lage sein werden, bestimmte Dinge zu vollenden, und wir trauern um die verlorene Zeit.

Als spirituelle Wesen, die wir diese menschliche Erfahrung durchmachen müssen, ist Trauer eines der schwierigsten Dinge, dem wir uns früher oder später stellen müssen. Egal wie viel Trost uns andere zu geben versuchen, oder wie viele andere Menschen das Gleiche durchmachen, oder wie viele Worte oder Karten oder Blumen ankommen, um uns zu trösten; es ist kein leichter Weg, der uns aus der Trauer herausführt.

Die Ereignisse vom Sommer 1999 zwangen uns, uns mit der Trauer zu beschäftigen. Obwohl wir wünschten, dass unsere Aufmerksamkeit auf eine andere Art hierher gelenkt worden wäre, nehmen wir die Gelegenheit wahr, nun mitzuteilen, wie Musik uns und anderen half, uns durch die Trauer hindurchzuarbeiten, und Frieden und Gesundung in uns selbst zu finden.

*„So fließt Ende zum Anfang*
*wie ein Schwanenschrei.*
*Wir sind in einem Krankenzimmer*
*aber die Nacht gehört den Engeln!"*

*Nelly Sachs*

Leugnung, Wut, Schuldgefühle, Depression, Akzeptanz und Entschlossenheit, das sind die Phasen der Trauer. Sie können sie in dieser Reihenfolge durchleben oder nur einige davon. Doch sehr wahrscheinlich werden Sie sie alle durchmachen. Sie müssen. Sie müssen sich allen Phasen der Trauer stellen, damit der Rückstand dieser starken Emotionen Ihnen physisch oder spirituell nicht schaden kann.

## Wut

Wut drohte uns zu zerstören, als Timber getötet wurde. Der Wut entsprang der Wunsch nach Vergeltung, der Wunsch, die Person, die unsere Verzweiflung verursacht hatte, zu zerstören. Wir wollten, dass diese unachtsame jugendliche Fahrerin so viel leiden sollte wie wir. Wir wollten, dass sie wie Timber Schmerzen erleiden sollte.

Vergebung wurde nicht einmal in Betracht gezogen, so weit es uns betraf. Es gab keine Möglichkeit, von irgend jemandem Genugtuung zu bekommen. Zum ersten Mal verstanden wir, wie der Wunsch nach Vergeltung Eltern, deren Kind durch einen betrunkenen Fahrer getötet wurde oder Überlebende einer Schulschießerei oder eines terroristischen Bombenanschlags so verzehrte, dass nichts anderes in ihrem Leben mehr Bedeutung hatte. Den „Bösewicht" zu hassen gibt uns etwas, worauf wir unseren Schmerz richten können.

Oft gibt es aber in Wirklichkeit niemanden, auf den Sie wütend sein können. Wenn Sie jemanden wegen Altersschwäche oder durch einen Herzanfall verlieren, wer wird die Last Ihrer Trauer übernehmen? Jemand muss die Schuld auf sich nehmen, also werden Sie wütend auf das Gesundheitssystem oder auf den geliebten Menschen, weil er Sie verlassen hat, oder einfach auf irgend jemanden oder irgend etwas, das Ihren Weg kreuzt.

Das ist eine sehr schwierige Phase, die durchzumachen ist, weil es einfacher ist, völlig außer sich als traurig zu sein. Toben, Wüten und Racheplāne zu schmieden schmerzt weniger, als nur Traurigkeit und Verzweiflung zu empfinden. Wie können Sie diese zerstörerische, irrationale Phase überwinden?

Das ist wirklich nicht leicht. Doch es gibt Hilfe. Beruhigende, friedliche Musik ist während dieses Stadiums unschätzbar. Lassen Sie sich durch sanfte, weitschweifige Musik beruhigen. Dies ist kein guter Zeitpunkt, um wütende, komplizierte Musik zu hören. Ihr Körper muss Frequenzen empfangen, die ihn bremsen; Ihre Emotionen müssen beruhigt werden. Sie müssen sich der Wut stellen und sie loslassen – sanft.

Um dabei zu helfen, haben wir die folgende Meditation entwickelt. Wir entwarfen dieses Verfahren unter Verwendung einiger der Ideen aus dem *Tibetischen Buch vom Leben und vom Sterben*, das wir wärmstens empfehlen.

Sie müssen sich physisch entspannen. Spielen Sie *Millennium*, atmen Sie tief, entspannen Sie alle Muskeln in Ihrem Körper, und lesen Sie dann diese Worte, immer wieder, bis Sie sie verstehen:

*Ich bin jetzt wütend – auf die Welt, auf Gott, auf mich selbst. Obwohl ich weiß, dass der Tod wirklich ist und dass jedes Atom, jeder Mensch, jedes Ding stirbt, dass es vor dem Tod kein Entkommen gibt, möchte ich jedem die Schuld geben an dieser Tragödie. Ich glaube, dass jeder Tod einen Zweck hat. Es ist nicht leicht, diesen Zweck jetzt zu erkennen, doch ich weiß, dass es einen Plan gibt, von dem ich ein Teil bin. Ich möchte nicht, dass meine Wut den friedlichen Übergang der Seele des geliebten Menschen stört, und so lasse ich die Wut los. Ich lasse seine Seele los für Alles Was Ist, und für das Licht und das Leben, das jenseits dieser irdischen Ebene ist.*

Es wird Ihnen nicht sofort besser gehen (nichts ist unmittelbar in diesem Trauerprozess), doch denken Sie immer wieder an diese Worte. Denken Sie über sie nach. Schließlich werden sie wahr klingen; vor allem, wenn Sie gleichzeitig ruhig eine Musik hören, die Frieden aufkommen lässt. Wenn Sie sich wirklich Ihrer Wut zuwenden, können Sie sie loslassen und lernen zu akzeptieren, was geschehen ist.

## Schuldgefühle

„Was wäre gewesen, wenn ich eine andere Straße genommen hätte? Was wäre gewesen, wenn ich einen anderen Flug gebucht hätte? Warum habe ich ihn nicht geküsst, bevor er ging?" Wie viele Menschen denken oder sprechen genau diese Worte, wenn ein geliebter Mensch stirbt? Sie möchten die Zeiger der Uhr zurückdrehen, etwas verändern, was sie getan oder gesagt haben. Sie haben wegen allem Schuldgefühle, vielleicht sogar wegen der Tatsache, dass sie am Leben sind.

Für Kate waren Schuldgefühle allesbeherrschend. „Wenn ich nach rechts anstatt nach links getreten wäre. Wenn ich mit Timber nur eine Minute länger auf dem Rasen gespielt hätte. Wenn ich mich nur schneller bewegt hätte."

Selbst wenn Sie wirklich nichts mit der Todesursache des geliebten Menschen zu tun hatten, können Sie Schuldgefühle haben – weil Sie einem Freund, der gelitten hat, nicht zugehört haben, weil Sie Ihre Großmutter an ihrem letzten Geburtstag nicht angerufen haben, weil Sie nicht gesagt haben, dass Sie Ihren Ehepartner lieben – die Liste ist endlos.

Wie oft haben wir von einem Kind gehört, das im Familienpool ertrunken ist? Oft hören wir, dass die Eltern sich nach einem solchen Vorfall trennen. Schuldgefühle und Schuldzuweisungen zerstören die Beziehung gerade dann, wenn die Eltern sich gegenseitig am meisten brauchen würden.

Ein uns bekannter Mann, dessen Frau bei einem Autounfall an einem regnerischen Nachmittag ums Leben kam, machte sich Vorwürfe, weil er sie an diesem Tag hatte ausgehen lassen. Er fragte sich, ob er bessere Reifen auf das Auto hätte montieren lassen können, vielleicht hätte er sie dazu bewegen können, zu warten, bis es nicht mehr regnete. Jahrelang gab dieser Mann sich selbst die Schuld an einem Unfall, über den er keine Kontrolle hatte. Er trank übermäßig, nahm Drogen, fiel aus dem gesellschaftlichen Rahmen heraus. Seine Schuldgefühle hätten ihn fast zerstört. Erst jetzt, zwanzig Jahre später, hat er die Tatsache, dass er nicht schuld ist, in den Griff bekommen. Er hat gelernt, sich selbst zu vergeben.

Sie müssen das gleiche tun. Wenn Sie Schuldgefühle wegen des Verlustes von jemandem oder etwas haben, müssen Sie sich selbst vergeben. Sie müssen auch dem vergeben, der Sie verließ.

## Eine Übung im Vergeben

Legen Sie eine wundervolle, beruhigende Musik ein, wie *Millennium* oder irgendeine andere meditative Instrumentalmusik. Atmen Sie tief und schließen Sie die Augen.

Nun stellen Sie sich selbst an einem wunderschönen Ort vor. Vielleicht in einem Garten oder am Meer. Sie stehen vor Ihren geliebten Verstorbenen. Sie sind unversehrt, gesund, vollzählig. Oder stellen Sie sich vor, dass die Gelegenheit, die Sie verpasst haben, oder die Chance, die Sie hatten, vor Ihnen steht. Geben Sie ihr die Gestalt einer Person.

Stellen Sie sich vor, wie Sie sich bei dem Menschen, den Sie verloren haben, entschuldigen. Hören Sie sich selbst die Worte sprechen: „Es tut mir so leid. Ich weiß, dass ich einen Fehler gemacht habe. Ich fühle mich schlecht. Kannst du mir jemals vergeben?"

Nun stellen Sie sich vor, dass der geliebte Mensch Ihnen vergibt. Hören Sie ihn oder sie die Worte sprechen: „Ich verzeihe dir. Du hast nichts falsch gemacht. Es gibt nichts, weswegen du Schuldgefühle haben müsstest. Es tut mir leid, dass ich dich verlassen musste, und ich wäre geblieben, wenn es das Richtige gewesen wäre, doch ich musste weiter. Ich liebe dich."

Hören Sie und akzeptieren Sie diese Worte. Hören Sie, wie der geliebte Mensch sie wieder und wieder spricht. Hören Sie die Worte, spüren Sie die Liebe. Sie müssen akzeptieren, dass Schuldgefühle niemanden und nichts zurückbringen. Sie werden Sie nur zerstören. Lassen Sie zu, dass Ihnen vergeben wird. Lassen Sie sich selbst dem Menschen, der sie verlassen hat, vergeben.

Wenn Sie aus dieser Übung auftauchen, umarmen Sie sich selbst. Gehen Sie nicht sofort zum Alltag über. Erinnern Sie sich an den Frieden, den Sie soeben erfahren haben. Halten Sie an ihm fest. Sie können ihn zu sich zurückholen, wann immer Sie es wollen. Nutzen Sie die Musik, sooft Sie sie brauchen, um Sie zu dem geliebten Menschen zu bringen und Sie an die Vergebung zu erinnern.

## Eine Chance zu wachsen

Wir kennen viele Witwen oder Witwer, die, nachdem sie ihren Ehepartner verloren haben, einfach beschließen, dass es keinen Grund gibt, weiterzuleben. Die Tatsache, dass eine Fußspur weniger da ist, dass es einen Platz weniger aufzudecken gibt, ist mehr als sie ertragen können, und sie lassen zu, dass die Depression sich breit macht. Plötzlich scheint ihr Leben leer. Es gibt keinen wirklichen Grund, morgens aufzustehen. Wozu ein leeres Haus putzen?

Unser ganzes Leben lang streben wir danach, uns anzufüllen mit Wissen, Aufregung oder Macht. Wir füllen unser Leben mit dem Betreuen anderer Menschen, damit, Umgang zu pflegen, mit Lernen und um uns zu entwickeln aus.

Der Tod stoppt uns. Trauer macht uns leer. Sie zwingt uns das Gefäß, das unser Ich ist, genau zu prüfen. In diesem Sinne ist Trauer eine sehr wirksame und gute Sache, denn wie sollen wir uns spirituell weiterentwickeln, wenn alles, was wir tun, ist, unser Bewusstsein anzufüllen? Gestatten Sie sich selbst, still zu sein und die Leere zu spüren.

Jeder Virtuose weiß, dass in den Pausen zwischen den Noten die wirkliche Kunst der Musik liegt. Das trifft auch für die Kunst zu, ein wirkliches menschliches Wesen zu sein. Nur wenn Sie die Leere fühlen, können Sie wirklich Ihre Seele spüren. Es ist dort, an dieser leeren Stelle, wo die Musik besonders wirksam sein kann.

Spielen Sie wieder die *Millennium*-CD. Während Sie zuhören, lassen Sie sich aus Ihrem Körper heraustransportieren. Lehnen Sie sich einfach zurück und sehen Sie sich an: wer und was Sie wirklich sind, nur für sich genommen. Sie haben Dinge, tun Dinge, erschaffen Dinge – und diese werden Ihnen zuerst einfallen – doch wer sind Sie wirklich?

Was ist mit Ihrer Persönlichkeit, dem wahren Wesen, das Sie ausmacht? Hat dies irgend etwas zu tun mit der Person, um die Sie trauern? Sind Sie in der Trauer um verpasste Gelegenheiten in geringerem Ausmaß eine Person als Sie es wären, wenn Sie etwas vollbracht hätten, was Sie nicht getan haben?

Was wir hiermit sagen wollen ist, dass Sie diese Gelegenheit, die die Trauer Ihnen bietet, ergreifen sollten, um sich selbst wirklich zu prüfen. Das Gefäß, das Sie sind, fühlt sich nun leer an. Werden Sie es wieder anfüllen, wie es vorher war, oder werden Sie anders sein? Nutzen Sie die Gelegenheit, um sich zu entscheiden.

## Durch Musik verbinden

Jetzt und zu allen Zeiten ist Musik ein Transportmittel für Trost gewesen. Sie kann Ihr bester Freund sein. Sie hat Ordnung, Harmonie und Zweck. Sie ist tröstlich, vor allem Musik, die uns während Ritualen wie Begräbnissen oder Gedenkfeiern erreicht. Musik bietet eine Ausdrucksmöglichkeit, die jeder verstehen kann. Musik verbindet durch ihr inneres Wesen.

Bei Begräbnissen wird die Musik gewählt, um ein Bild von den Verstorbenen zu geben und um die Trauernden mit Teilen ihrer selbst und ihren lieben Verstorbenen zu verbinden. Diese Musik umfassenden Rituale sind ein großer Trost für uns, ebenso wie Kerzen anzünden, Blumen niederlegen, sogar Schwarz tragen. Sie ermöglichen gemeinsames Trauern, gemeinsamen Ausdruck. Eine Gelegenheit zu umarmen und umarmt zu werden. Sie machen es uns möglich, die Leere auszudrücken, die den Verlust eines geliebten Menschen begleitet.

In allen geschichtlichen Kulturen sind Sprechgesänge und Singen ein wesentlicher Teil des Trauerprozesses. Im mittelalterlichen Frankreich waren bestimmte Sprechgesänge vorgeschrieben für jene, die krank waren, und eine Reihe von Sprechgesängen wurden eingesetzt, um die Sterbenden bei ihrem Übergang ins Jenseits zu begleiten. Basierend auf Passagen oder Themen aus der Bibel wurden diese Gesänge zu Ehren Gottes gesungen und sie brachten Zuhörer wie Sänger dazu, eine Verbindung zum Heiligen Geist zu spüren. In einer Zeit der großen Trauer ist diese Verbindung zum Schöpfer ausschlaggebend für den Umgang mit Trauer.

Das trifft selbst dann zu, wenn Sie wütend auf den Schöpfer sind, weil er diese Trauer verursacht hat. Die Verbindung zu dem, was Sie als Ursache Ihrer Trauer ansehen mögen, kann erforderlich sein, um die Wut und die Schuldzuweisung loszulassen.

Haben Sie jemals *Mozarts Requiem* gehört? Mozart schrieb dieses Meisterwerk, kurz bevor er starb. Es ist erfüllt von der ganzen Herrlichkeit des Lebens und der Endgültigkeit des Todes. Dieses Stück bringt in Ihnen Emotionen und Gefühle hervor, von denen Sie vielleicht nie gedacht hätten, sie zu haben. Nur wenige Kompositionen können wie diese helfen, ein kummervolles Herz zu läutern. Sie fördert wütende Trauer, zaghafte Hoffnung und, am tröstlichsten für uns, die Ehrfurcht vor dem Allmächtigen.

Wie so vieles in der bedeutenden Musik aller Kulturen scheint dieses Stück fast das Physische, in dem wir wirken, zu transzendieren. Wenn wir wirklich hinhören und die Wirkung der Musik in uns aufnehmen, können wir die Inspiration spüren, die von ihr ausgeht. Sie ist wie ein Fenster zum Jenseits, eine Verbindung zu den Dimensionen, die wir nicht sehen, doch durch die Musik fühlen können.

Und wo sind unsere geliebten Verstorbenen, wenn nicht jenseits dieser Dimension, in der wir leben? Große Musik wie diese bietet uns eine Verbindung zu denen, die vor uns gegangen sind, eine Verbindung, die wir nie verlieren möchten.

*„Befasst mit irdischen Dingen,*
*denkst du nie an das Nahen des Todes;*
*schnell wie der Blitz,*
*bricht er über dich herein."*

*Milarepa*

## Akzeptanz

Schließlich werden Sie so weit sein, Trauer zu akzeptieren. Sie werden akzeptieren, dass der geliebte Mensch nie mehr zurückkommen wird. Sie werden lernen, dass das Leben weitergeht, und erstaunlicherweise werden Sie feststellen, dass es Dinge gibt, die einen fröhlich machen. Sie werden in der Lage sein, sich Ihren Erinnerungen mit Freude anstatt mit Kummer zu stellen. Sie werden wieder lächeln können.

Einfache Dinge wie ein wunderschöner Sonnenuntergang oder ein Schmetterling werden Ihnen Freude schenken, wenn Sie aus der tiefsten Trauer auftauchen. Ergreifen Sie diese kleinen Wunder. Hören Sie glückliche Musik. Tanzen Sie! Singen Sie! Pfeifen Sie! Es gibt so vieles, wofür wir dankbar sein können. Wenn Sie all diese Wunder entdecken, selbst angesichts des Schmerzes, werden Sie wirklich Ihren inneren Frieden gefunden haben.

*„Musikalische Erziehung ist ein*
*mächtigeres Instrument als jedes andere,*
*denn Rhythmus und Harmonie*
*finden den Weg zu den inneren*
*Orten der Seele,*
*wo sie sich mit aller Macht festsetzen,*
*Gnade gewährend, und die Seele*
*dessen, der richtig geschult wurde,*
*anmutig werden lassen."*

*Platon*

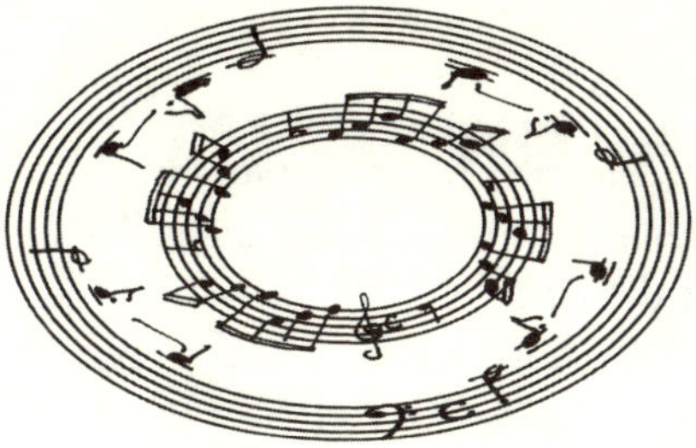

ACHT

# Die Tonspuren unseres Lebens

*„Mit seinen Fingern meinen Schmerz anschlagend*
*mit seinen Worten mein Leben singend …“*

*aus „Killing me Softly with His Song“*
*Norman Gimble – Charles Fox*

Von der Geburt bis zum Tod begleitet eine Tonspur von Musik unser Leben. Meistens nehmen wir sie als selbstverständlich hin. Sie ist einfach da – im Radio, wenn wir uns morgens anziehen, durch die Kopfhörer unseres Walkmans, wenn wir laufen oder trainieren, im Auto, das neben uns an der Ampel hält.

Als Kleinkinder wiegen uns sanfte, von unserer Mutter gesungene Wiegenlieder in den Schlaf. Wenn wir den Kindergarten und die Vorschule besuchen, ist Musik die spielerische Art und Weise, in der man uns alles beibringt, vom ABC bis hin zu dem, was eine Kuh „sagt". Können Sie sich vorstellen, das ABC ohne das Lied zu lernen? In der Grundschule tragen die Singsang-Gedächtnisstützen für Rechtschreibung und Grammatik viel dazu bei, dass wir die Feinheiten unserer Sprache beherrschen lernen. Erinnern Sie sich noch an „Wer nämlich mit h schreibt ist dämlich"?

In der Pubertät bekommt die Musik eine völlig neue Bedeutung – sie ist die Tonspur unserer Jugend. Sie werden sich immer an das Lied erinnern, das lief, als Sie Ihren ersten Freund oder Ihre erste Freundin kennenlernten oder als Sie Schluss machten mit jemandem, den Sie einmal liebten. Bei einer Hochzeitsfeier wird normalerweise als erster Tanz das besondere Lied des Brautpaares gespielt. Die Musik, die während der Zeremonie selbst gespielt wird, wird ebenfalls sorgfältig ausgesucht, um genau das auszulösen, was Sie Ihren Gästen vermitteln wollen.

Kürzlich verfolgten wir eine Werbesendung im Fernsehen, die eine CD *AM Gold of the Seventies*, zum Kauf anbot. Welche Erinnerungen in uns hochkamen, als wir an diesem Abend fernsahen. Richard war in den siebziger Jahren ein Radioansager, der diese Scheiben jeden Tag auflegte. Kate war ein Teenager und tanzte durch die Pubertät und die High School zu den Liedern von Tony Orlando und Dawn und K. C. and the Sunshine Band.

Es war wunderbar für uns, mit relativ friedlicher, lässiger Musik aufzuwachsen. Leider hat sich die Musik in den letzten fünfundzwanzig Jahren sehr verändert.

## Heutzutage aufwachsen

Bedenken Sie die Wirkung, die Musik im letzten halben Jahrhundert auf uns ausgeübt hat. So wie Sie das sind, was Sie essen, sind Sie auch das, was Sie hören. Es gibt große Unterschiede zwischen einer Person, die Gangsterrap hört, und einer Person, die New-Age- oder klassische Musik hört.

Es gibt einen ausgeprägten Unterschied zwischen einem Teenager, der Anti-Establishment-Punkrock hört, und dem Teenager, der eine unschuldigere, glücklichere Popmusik hört.

Wir bedauern oft die Jugend von heute. Kinder erschießen andere Kinder in der Schule und begehen Gewalttaten zu Hause und in ihrer Nachbarschaft. Wir zeigen auf die Musik und fragen: „Sehen Sie?" Doch so einfach ist es nicht. Es gibt so viele Arten von Musik, wie es Kinder gibt.

Das ist also dann die Frage: Macht die Musik das Kind, oder machen die Kinder die Musik? Vermutlich ein wenig von beidem. Also müssen wir die Kinder dazu bringen, die Musik abzulehnen, die Aggressionen hervorruft. Wie machen wir das?

Was würde geschehen, wenn man junge Leute einer Musik aussetzte, die reine, runde Töne produziert, die friedlich sind und zum Nachdenken anregen? Wir können fast hören, was Sie denken. „Und wie sollen wir die Kinder dazu bringen, diese Art von Musik zu hören?" In Wirklichkeit ist es nicht schwer.

Wo hängen die Kinder herum? In Fastfood-Restaurants, in Einkaufszentren, im Kino. Es ist sehr einfach, die Musik an solchen Orten zu verändern. Was wäre, wenn die melodische, aber hippe Musik von Loreena McKennitt, Enya oder Secret Garden gespielt werden würde? Die Kinder könnten beschließen, dass sie ihnen gefällt. Es gibt nichts daran, was man nicht mögen könnte. Wenn Sie diese Musik noch nicht kennen, gehen Sie nicht, sondern laufen Sie zum nächsten Musikgeschäft und hören sich diese Künstler an.

## Schulklänge

Wie, glauben Sie, wäre es, wenn sorgfältig programmierte Musik über die Sprechanlage ertönen würde, wenn die Kinder zur Schule kommen? Warum nicht die *Celtic Odyssey* oder *Sons of Somerled* spielen? Wie wunderbar wäre es, den Tag so zu beginnen, anstatt mit den endlosen gehässigen Reden von Schuldirektoren, die die Notwendigkeit rühmen, pünktlich zu sein und das Basketballspiel am Nachmittag nicht zu vergessen.

Können Sie sich vorstellen, wie es wäre, wenn alle Schulen den Tag mit Musik beginnen und beenden würden? Im Interesse von gleichen Rechten, religiöser Freiheit und anderen modernen Anliegen wurde das Gebet aus den Schulen entfernt. Wir finden das sehr traurig, weil es den jungen Menschen keine Zeit oder keinen Ort lässt, sich zu sammeln und sich mental oder spirituell auf den Tag vorzubereiten. Was wäre, wenn sie ihren Tag mit Musik beginnen würden? Könnte jemand etwas gegen friedliche Musik einwenden? Oder würde auch das als politisch unkorrekt erachtet? Wir hoffen, dass niemand sich beschweren würde, weil es keine entsprechende Zeit für Rap oder Punkrock gibt.

Würde man den Schülern die Gelegenheit anbieten, am Morgen und am Ende des Tages zehn Minuten stillzusitzen, vielleicht im Versammlungsraum, und friedliche, reintonige Musik zu hören, wir möchten wetten, dass sie eine andere Haltung gegenüber der Schule und dem Leben im Allgemeinen hätten. Sie würden sich positiver und weniger gestresst fühlen. Am Ende des Buches haben wir unsere „coolen" Lieblingsaufnahmen aus der New-Age-Musik angeführt. Wir kennen viele junge Menschen, denen sie gefallen. Versuchen Sie es damit bei Ihren Schülern, Ihren Kindern, Ihren Enkelkindern.

Es gibt so viele Gelegenheiten, die beruhigende Wirkung der Musik in unserer Gesellschaft zu nutzen. Es ist bedauerlich, dass Musik so oft die entgegengesetzte Wirkung hervorruft.

## Radio und Fernsehen

Es gibt mehr als einhundert Radiosender auf dem Markt von Los Angeles. Sie können Rap, Rock, Hiphop, Pop, Country, Latino und mehr Gerede hören, als Ihnen lieb ist. Doch nicht ein einziger Sender in LA programmiert in erster Linie „Ambient"- oder friedliche New-Age-Musik.

Sicher, auf vielen Märkten sendet das nationale öffentliche Radio sonntagabends *„Hearts of Space"* Programme, und zu unregelmäßigen Zeiten spielt das Universitätsradio etwas Heilmusik, doch sie ist sehr schwer zu finden. Nur einige kommerzielle Radiosender im Land senden ein permanentes Format akustischer und elektronischer Entspannungsmusik und New-Age-Musik. Warum gibt es nicht mehr Sender, die diese Musik spielen, die die Welt jetzt braucht? Es scheint doch, dass Radiosender eine große Verantwortung tragen. Sie haben die Macht, aus Musik, die Gewalt inspirieren kann, Hits zu machen. Nun sollten sie diese Macht nutzen, um Hits aus einer Musik zu machen, die die Welt beruhigt. Wie wäre es, wenn jemand einen Radiosender aufbauen würde, der Musik programmiert, nur um Stress, Wut und Depression zu mindern? Es wird Zeit, dass die Moderatoren und alle in diesem Geschäft die Macht der Musik, die sie spielen, anerkennen und nicht nur jene der Werbespots, die sie senden.

## Schallsättigung

Es ist nicht nur das Radio, das auf unser Bewusstsein einhämmert. Wo Sie auch hingehen, zu jeder Tageszeit werden Sie gezwungen, irgendwo Musik oder Fernseher laufen zu hören. In Ihrem Auto, in der Arztpraxis, im Lebensmittelgeschäft, im Einkaufszentrum, im Lift, am Strand, im Restaurant. Sie spielt die ganze Zeit.

Der unablässige Strom von Tönen und Schall kann Ihre Stimmung beeinflussen, und sie tut es. Ihre Gedanken und Ihr emotionales Empfinden werden permanent beeinflusst, und Sie nehmen es wahrscheinlich nicht wahr. Es ist die *Tonspur unseres Lebens.* Und deshalb zeigen wir Ihnen in diesem Buch, wie Sie ein ausgeprägtes Bewusstsein für die Musik, die Sie hören, entwickeln können. Denn so sehr Musik Freude und Friedlichkeit vermitteln kann, so kann sie auch Dissonanz in Ihrem Ich und Krankheit in Ihrem Körper bewirken. Überlassen Sie es nicht dem Zufall.

## Geschäftswelt

Kürzlich waren wir am Abend in einem netten Restaurant und feierten unseren Geburtstag. Das Essen war gut, doch über die Lautsprecher ertönte laute Jazzmusik. In den Ecken der Bar, die an das Restaurant anschloss, gab es zwei Fernsehgeräte – eines auf ein Basketballspiel eingestellt, das andere auf einen alten Film. Noch eine andere Art von Musik wurde in die Bar gepumpt. Es war so viel Lärm in dem Gebäude, dass wir am Ende unseres Mahles nervliche Wracks waren.

Was uns erstaunte, war, dass die meisten Menschen den Lärm nicht einmal zu bemerken schienen. Sie sprachen einfach lauter – zueinander oder in ihr Handy –, um den Lärm zu übertönen. Das zeigt nur, wie laut unsere Gesellschaft ist und wie sich die Menschen daran angepasst haben.

Inhaber von Unternehmen und Geschäften, Angestellte und Restaurantleiter haben alle ihre eigene Vorstellung davon, welche Art von Musik am besten zu ihrem Betätigungsfeld passt. Das Problem ist, dass die meisten keine Ahnung haben, welche Art von Musik oder Umgebung wirklich gefordert ist. Wenn das passiert, ärgern oder irritieren sie ihre Kunden so lange weiter, bis sie sie vielleicht endgültig verlieren – wie das oben genannte Restaurant uns verloren hat.

Fällt Ihnen auf, wie wunderbar es ist, in Geschäften wie dem Nature Conservancy oder dem Discovery Store einzukaufen? Sobald Sie diese Kleinhandelsgeschäfte betreten, fühlen Sie sich erfrischt. Woran liegt das? Worin liegt der Unterschied zum Betreten eines Spielzeugladens oder eines Jeansshops? Es ist die Entspannungsmusik, die gespielt wird.

Betreten Sie diese Geschäfte und Sie werden die Klänge von Indianerflöten, Ozeanen, tropischen Regenwäldern, Wolfsgeheul und Wasserfällen hören. Die Musik schafft einen Schlupfwinkel der Ruhe und des Friedens inmitten des hektischen Lärms, der vom Rest des Einkaufszentrums verursacht wird. Wenn Sie in diesen Läden sind, möchten Sie verweilen. Sie können sich denken hören. Sie sind ruhiger, entspannter ... und bereit zu kaufen.

Kürzlich sahen wir einen Bericht darüber, wie eine Reihe von großen Unternehmen und Vereinigungen begonnen hat, therapeutische Musik am Arbeitsplatz einzusetzen. Sie erlauben es manchen Angestellten, Walkmen und persönliche Lautsprecher zu benutzen, während andere Unternehmen Musiktherapeuten zu Rate ziehen, um einen „tonmäßig korrekten" Arbeitsplatz zu schaffen. Diese Bemühungen erweisen sich als außerordentlich wohltuend für die emotionale Gesundheit am Arbeitsplatz und wirken sich in einer hohen Motivation, gesteigerter Produktivität und weniger Krankenständen aus. Wir hoffen, dass das übrige vereinigte Amerika nicht weit hinterherhinkt.

## Die heilende Umgebung

Wir haben es bereits erwähnt, doch wir sind der festen Überzeugung, dass Krankenhäuser und Arztpraxen – diese Orte, zu denen wir geschickt werden, um geheilt zu werden – zu den schlimmsten Übeltätern im Bereich der „Lärmverschmutzung" gehören.

Kürzlich musste sich Kate einer Therapie wegen einer Arm- und Handverletzung unterziehen. Während jeder Behandlung war sie umgeben von

Piepen, Piepsen, Zischen und anderen Krankenhausgeräuschen, während nebenan in der Chemotherapieabteilung die lästige Filmmusik einer Seifenoper sehr laut plärrte. Es war sehr unbehaglich und trug sicherlich nicht dazu bei, den Heilprozess zu fördern.

Es muss einfach eine bessere Möglichkeit für Krankenhäuser geben, mit dem Lärm umzugehen. Wie wäre es, wenn Krankenhäuser in allen Abteilungen beruhigende Musik spielten – würde es einen Unterschied machen? Würden die Menschen schneller genesen, sich wohler fühlen, hoffnungsvoller? Natürlich würden sie das. Und bei all dem Gerede über steigende Kosten des Gesundheitswesens, Missbrauch von verordneten Medikamenten und anderen Problemen im Gesundheitswesen scheint uns, dass Musik eine Investition wert wäre.

Es steht außer Frage, dass Musik Schmerz lindert und Stress reduziert. Wenn die Menschen schneller genesen und weniger Medikamente benötigen, müssen die Behandlungskosten zurückgehen. Etwas, was zu überlegen ist, wenn eine medizinische Einrichtung ausgewählt wird.

Wählen Sie die Musik, die Sie in Ihr Leben lassen, so sorgfältig, wie Sie Ihre Ernährung planen. Hören Sie die Musik und erkennen Sie ihre Kraft an. Wenn Sie sie bewusst und mit Respekt einsetzen, wird die Musik Sie mitnehmen auf eine freudige Reise zu innerer Gesundung und innerem Frieden.

*Unsere klangliche Umgebung ist
entscheidend für unser Überleben und
unsere Entwicklung
auf dieser Existenzebene.*

*Joel Andrews*

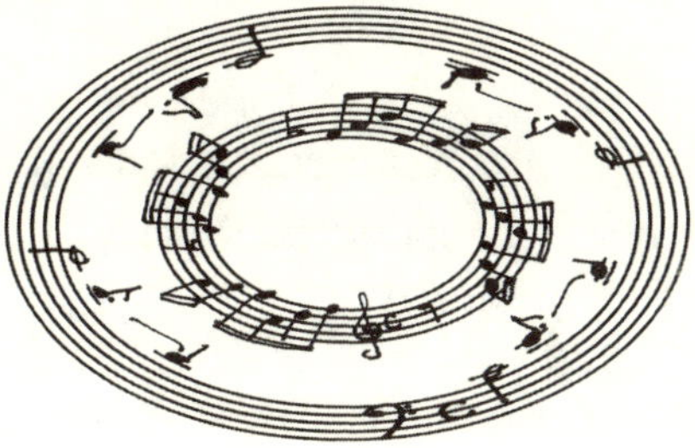

## NEUN

# Eine friedliche Umgebung schaffen

*„In Frieden sein heißt nicht an einem Ort sein,*
*an dem es keinen Lärm, keine Probleme und keine*
*Unannehmlichkeiten gibt.*
*In Frieden sein heißt im Herzen gelassen sein*
*inmitten von allem, was nicht gelassen ist.“*

*Kate Mucci*

Die Emotionen, die durch zwischenmenschliche Beziehungen heraufbeschworen werden, sind sehr stark. Wenn wir sie in unser Bewusstsein lassen, müssen wir erkennen, was sie in uns bewirken. Die Art, wie wir Menschen oder Laute, Gefühle oder Anblicke in unser Bewusstsein hereinlassen, bestimmt das, was wir für unser eigenes Ich empfinden.

Wenn Sie erst einmal bewusst die Schalleindrücke und die anderen Einflüsse wahrnehmen, die Sie ständig bombardieren, werden Sie in der Lage sein, alles Negative in positive Energie zu verwandeln und die positiven Auswirkungen von allem, was gut ist, zu verstärken.

Sich eingehend mit allen Praktiken zu beschäftigen, die es Ihnen ermöglichen, mit negativer Energie umzugehen, würde den Rahmen dieses Buches sprengen. Es gibt viele ausgezeichnete Bücher, die Sie lesen, und Kurse, die Sie belegen können, um sich diese Fähigkeiten anzueignen. Was wir Ihnen hier bieten, ist eine Möglichkeit, aus Ihrem eigenen, persönlichen Raum einen Ort des Friedens und der Gesundung zu machen, und Möglichkeiten, die Kraft der Musik zu nutzen, um Ihnen zu helfen, dieses manchmal so schwere menschliche Schicksal zu meistern.

*„Und nun ist es Engelsgesang,*
*der die Himmel zum Schweigen bringt."*

*Anonym*

## Ein friedlicher Raum

Schall ist einer der durchdringendsten Einflüsse in unserem Leben. Viele von uns wohnen in der Nähe stark befahrener Straßen oder Autobahnen, von Flughäfen, sogar von Eisenbahngleisen. Oft kann man nicht schlafen, und Menschen, die in der Nähe solcher lauten Orte wohnen, fühlen sich oft gestresst und nervös. Es ist leicht zu sagen: „Na, dann ziehen Sie doch um!", doch wir wissen alle, dass das nicht so einfach geht. Also müssen wir uns konstruktiv mit dem Lärm, der in unseren Lebensraum eindringt, auseinandersetzen.

Wenn es möglich ist, Ihre Umgebung schalldicht abzudichten, tun Sie es. Wählen Sie zumindest einen Raum, vielleicht das Schlafzimmer, und tun Sie alles, was Sie können, um daraus einen friedlichen Ort zu machen. Wenn Sie schalldichtes Material verwenden können, tun Sie es. Hängen Sie Korktafeln an die Wände. Hängen Sie schwere Vorhänge an die Fenster und/oder installieren Sie Doppelglasscheiben. Bringen Sie Abdichtstreifen um die Fenster herum an, um Schalldurchlässigkeiten auszuschließen.

Machen Sie aus diesem Raum einen Ort des Friedens und der Heilung. Stellen Sie sich den friedlichsten Ort vor, den Sie sich vorstellen können, und versuchen Sie, diese Empfindung in Ihrem Raum nachzugestalten. Fügen Sie einige wunderschöne Blumen oder Pflanzen hinzu, vielleicht sogar einen kleinen Springbrunnen. Stellen Sie sicher, dass Sie die Möglichkeit haben, in dem Raum Musik zu spielen, oder dass Sie ein Gerät mit Kopfhörern besitzen.

## Besondere Dinge

Wenn Sie möchten, fügen Sie einen Altar hinzu. Füllen Sie diesen Altar an mit Dingen, die eine große Bedeutung für Sie haben. Vielleicht Kristalle, Erinnerungsstücke oder Fotos. Eine Feder, ein Vogelnest, Muscheln oder Kerzen. Alles was Ihnen Frieden beschert ... stellen Sie sie an einen geheiligten Platz in diesem Raum.

Wenn Sie beschließen, das Raumklima durch Kristalle zu stärken, stellen Sie sicher, dass Sie sie richtig einsetzen. Um einen Ort des Friedens zu schaffen, ist der Blue-Lace-Achat sehr stark, weil er Ihren Geist beruhigt und hilft, Stress zu lindern. Amethyst, Aquamarin, Malachit und Saphir sind ebenfalls sehr starke „Friedensstifter".

Vergewissern Sie sich, dass Ihre Kristalle gereinigt sind – das heißt, waschen Sie sie einfach unter fließendem Wasser (vorzugsweise in einem Bach oder Fluss), oder lassen Sie sie über Nacht in Wasser und Meersalz einweichen. Segnen Sie sie dann, wie Sie Ihren Raum segnen, und übertragen Sie Liebe als Energie auf sie. Denken Sie daran, so wie Schall und Musik Energie sind, so sind auch Ihre eigenen Emotionen Energie. Wenn Sie positive Gedanken und Liebe zu den Gegenständen in Ihrem Raum aussenden, wird die Energie verstärkt zu Ihnen zurückkehren. Während Sie meditieren und Musik hören, werden Sie diese Energie anzapfen können.

## Farbe

Auch Farbe ist eine sehr wichtige Komponente, die Sie in Ihrer Umgebung berücksichtigen sollten. Denken Sie daran, dass das, was wir als verschiedene Farben sehen, in Wirklichkeit nichts anderes ist als verschiedene Teile des Lichtspektrums. Es sind unterschiedliche Wellenlängen des Lichtes. Licht ist Energie, ebenso wie Schall, und die Energie der Farben, von denen Sie umgeben sind, hat auch eine sehr große Wirkung auf Ihr Wohlbefinden.

Sie wissen, welche Farben in Ihnen ein friedliches Gefühl hervorrufen und welche nicht. Wenn Sie einen Ort des Friedens und der Heilung schaffen, dann müssen Sie sicherstellen, dass die Farben an diesem Ort keine anderen Emotionen in Ihnen wecken.

Grün ist eine wirksame Heilfarbe. Braun ist ausgezeichnet für Frieden. Erdfarben bewirken im allgemeinen das Gefühl des Verbundenseins mit der Natur und das Gefühl, dort Frieden zu finden. So kann das Hinzufügen von warmen Holzmöbeln und -wänden, Pflanzen oder Kunstwerken, die die Natur darstellen, viel dazu beitragen, Ihren Raum friedlicher zu gestalten.

## Ihre Arbeitsumgebung

Sie verbringen oft mehr Zeit bei der Arbeit, als Ihnen zur Verfügung steht, um Ihr Heim zu genießen. Wenn Sie ein Büro oder einen Arbeitsplatz haben, den Sie schmücken können, dann tun Sie es. Machen Sie daraus einen friedlichen, gemütlichen Raum. Wenn es irgendwie möglich ist, spielen Sie Musik. Selbstverständlich möchten Sie die Mitarbeiter nicht stören, doch es ist eine bewiesene Tatsache, dass bestimmte Arten von Musik die Produktivität und die Zufriedenheit mit der Arbeit steigern können. Wenn Sie sich wohler fühlen bei Ihrer Arbeit, werden Sie gesünder und glücklicher sein.

## Klangpausen

*Vergessen Sie nicht auszuruhen, wenn die Ablenkungen und der Druck des Alltags Ihre Energie erschöpfen. Eine Klangpause gibt Ihnen Zeit zu träumen, zu betrachten, zu denken. Sie werden klarer erkennen, was sich in Ihrem Leben, in Ihrer Arbeit auswirkt und wie Sie die Dinge verändern können, um sie zu verbessern.*

Klangpausen sind wundervoll. Viele von uns haben Zeiten am Tag, in denen unser Gehirn einfach zumacht. Für viele Menschen ist das am Nachmittag, in der Zeit nach dem Mittagessen, wenn das Gehirn viel lieber schlafen und den ganzen Sauerstoff für die Verdauung in den Magen lassen würde. Dies ist der Zeitpunkt für eine Klangpause. Hören Sie auf zu arbeiten und hören Sie bewusst Musik, die Sie beleben und Ihre Kreativität steigern wird. Stellen Sie sie nicht einfach im Hintergrund ein – halten Sie inne und hören Sie wirklich einer Lieblingsauswahl zu. Zweimal in der Stunde fünf Minuten während dieser schwierigen Tageszeit wird eine gut genutzte Zeit sein.

Wenn Sie eine stressige Arbeit haben, eignet sich Musik wie *Millennium* hervorragend, um den Arbeitsplatz zu einem ruhigeren Ort zu machen. Es gibt CDs auf dem Markt, die speziell für mentale oder kreative Arbeit zusammengestellt wurden. Eine ganze Menge von Mozarts Musik wurde nach besonderen Situationen und Bedürfnissen eingeteilt. Gehen Sie zu Ihrem örtlichen Musikgeschäft und erforschen Sie die wunderbare Vielfalt von Musik, die erhältlich ist.

Wenn Sie in einer Fabrik oder an einem anderen Ort arbeiten, an dem Lärm ein Problem ist, achten Sie darauf, dem Lärm zu entkommen, wann immer es möglich ist. Wenn es Ihre Sicherheit nicht beeinträchtigt, tragen Sie Ohrenstöpsel. Gehen Sie während Ihrer Mittagspause nicht in die laute Cafeteria, wenn Sie es vermeiden können. Nehmen Sie Ihr Essen draußen ein, unter einem Baum. Machen Sie einige tiefe Atemübungen, machen Sie Ihren Geist und Ihr Herz frei. Horchen Sie auf die Stille, wenn Sie können. Wenn es auch draußen laut ist, nehmen Sie Ihr persönliches Gerät und Kopfhörer mit und hören Sie beruhigende Musik. Eine Pause von der Überladung mit Sinneseindrücken bei der Arbeit wird Ihnen entscheidend durch den Tag helfen.

## Vereinfachen Sie

Es besteht kein Zweifel, dass das Leben zu kompliziert ist. Schalten Sie zurück. Sie werden das Spiel des Lebens nicht deshalb gewinnen, weil Sie mehr überflüssige Dinge besitzen. In Wirklichkeit zeigt uns unsere Erfahrung und die Erfahrung aller Menschen, die wir kennen, dass wir umso mehr möchten, je mehr wir haben, und dass wir umso mehr arbeiten müssen, um es festzuhalten. Darum geht es nicht im Leben. Es wird Sie sicher um nichts gesünder machen und es wird Ihnen auch nicht helfen, in der Nacht besser zu schlafen.

Kurz bevor wir dieses Buch schrieben, beschlossen wir, unser Leben radikal zu ändern. Anstatt einem Sechstage-Job nachzugehen und in einer geschäftigen Stadt für Unterhaltung zu sorgen, sind wir nun unterwegs, wir halten unsere *„Heilen durch Musik"*-Workshops ab, spielen in Krankenhäusern und Hospizen und geben unsere *„Magische Musik"*-Konzerte in kleinen Städten im ganzen Land.

Wir haben vereinfacht. Alles, was wir zum Leben und Arbeiten brauchen, haben wir hier in einem wunderbaren Wohnmobil. Wir sind unsere Wohnung in Las Vegas losgeworden, haben unsere Möbel verkauft und amüsieren uns großartig. Wir sind wie Schildkröten. Keine Kunstsammlung, kein feines Porzellan, keine Antiquitäten, keine Hypothek und eine sehr reduzierte Sammlung von elektronischen Geräten.

Auf unseren Reisen haben wir viele Menschen getroffen, die so leben wie wir. Sie alle, von Ärzten, die die Nase voll hatten, und ehemaligen Militärs bis hin zu Künstlern und desillusionierten Geschäftsführern, haben ihr Leben vereinfacht und ihre Besitztümer für ein Leben auf Rädern reduziert. Sie gehören wirklich zu den glücklichsten und zufriedensten Menschen, die wir je kennen gelernt haben.

Natürlich ist das nicht jedermanns Vorstellung eines idealen Lebensstils. Nicht einen Augenblick lang würden wir daran denken vorzuschlagen, dass jemand seinen Lebensstil für unseren aufgeben sollte. Doch es kann nichts schaden, zurückzuschalten, Ihr Leben zu vereinfachen. Ist es wirklich so wichtig, ein Sechzig-Zoll-Fernsehgerät zu haben, wenn Ihr Vierzig-Zoll Gerät gut funktioniert? Brauchen Sie wirklich den neuesten 750MHz-Pentium-3-Computer, wenn Ihr 333MHz-Pentium-2-Gerät tadellos funktioniert? Läuft Ihr Leben auf so schnellen Schienen, dass fünf Minuten mehr, um ein Bild aus dem Netz herunterzuladen, über Erfolg und Misserfolg Ihres Tages entscheiden? Warum?

Vereinfachen Sie. Genießen Sie das, was Sie haben. Wenn es Dinge gibt, die Ihnen keine Freude bereiten – werden Sie sie los. Vielleicht wird jemand anders Freude daran haben. Wenn Sie sie nicht genießen, machen Sie Ihr Leben komplizierter. Machen Sie eine Runde durch Ihr Haus und verschenken oder verkaufen Sie alles, was Sie in den letzten beiden Jahren nicht berührt haben. Das ist eine wunderbare Erfahrung.

Überprüfen Sie einige Tage oder Wochen, was es ist, was Ihnen wirklich Wohlbehagen bereitet. Ist es, Ihren Hund spazieren zu führen oder zu lesen? Ist es, aus frischen Lebensmitteln ein gutes Essen für Ihre Familie zuzubereiten? Ist es, ein Nachmittagsschläfchen zu halten? Am Wochenende Großmutter zu besuchen? Wir würden wetten, dass, wenn Sie wirklich darüber nachdenken, es die einfachsten Dinge sind, die Sie am glücklichsten machen. Konzentrieren Sie sich auf diese, und Sie werden in Ihrem Gefühl inneren Friedens einen großen Schritt nach vorne machen.

Niemand braucht eine Menge *Zeug,* um glücklich zu sein. Einfach ist gut. Es nimmt eine Menge Druck weg und gibt Ihnen Zeit, das zu erforschen, was wirklich wichtig ist … die Liebe der Familie und Freunde, die Natur und Ihr Gefühl für das Ich. Wenn Sie immer noch das Bedürfnis verspüren zu kaufen, warum nicht Musik kaufen? Bauen Sie die größte Musiksammlung in der ganzen Umgebung auf.

## Gute Zeit

Wann haben Sie das letzte Mal mit Ihrer Familie zusammengesessen und gespielt? Lief im Hintergrund das Fernsehgerät? Vermutlich. Haben Sie jemals mit Ihrer Familie zusammengesessen und einfach nur Musik gehört? Haben Sie jemals mit Ihren kleinen Kindern auf dem Schoß oder mit Ihrem Ehepartner oder Ihrer Katze zusammengekuschelt gesessen und einfach nur schöne Musik gehört? Bitte tun Sie es heute Abend.

Versuchen Sie dies … *stellen Sie das Fernsehgerät eine Woche lang ab und legen Sie Musik auf.* Wie wäre es mit leichter klassischer Musik oder einem der starken neuen keltischen Künstler? Versuchen Sie wenn möglich etwas ohne Text, was es Ihnen ermöglichen wird, sich mit Ihrer Familie zu unterhalten. Zünden Sie eine Kerze an und hören Sie wirklich auf die Musik.

Wenn Sie Teenager haben, ist dies eine sehr gute Gelegenheit, sie zu bitten, ihre Musik mit Ihnen zu teilen. Teilen Sie dann Ihre Musik mit ihnen. Dies ist nicht der Zeitpunkt, um zu kritisieren … es ist der Zeitpunkt,

Musik um ihrer eigenen Vorzüge willen zu erleben und zu genießen, und die Gesellschaft Ihrer Familie zu genießen.

Entdecken Sie die Freude am einfachen Sein, weil das Leben ein Geschenk ist. Wenn Sie jemals schwer krank waren oder jemanden verloren haben, der Ihnen etwas bedeutete, wissen Sie, wie kostbar das Leben ist. Ehren Sie es.

Halten Sie die Musik an Ihrem friedlichen Ort rein und einfach. Leise gespielte, friedliche Instrumentalmusik wird eine offene, ehrliche Unterhaltung fördern. Es ist schön, etwas zum Zuhören zu haben, wenn Pausen in der Unterhaltung auftreten, doch die Musik soll nicht das übertönen, was Sie zu erreichen versuchen … Verbundensein, Freude und Frieden.

## Musik machen

In unseren Workshops und Seminaren sprechen wir oft mit Menschen, die dem Wunsch Ausdruck verleihen, ein Musikinstrument zu spielen. Neun von zehn Mal fügen sie hinzu: „Doch ich hatte einfach nie die Zeit dazu."

„Warum?", fragen wir.

Die wichtigsten Gründe, die die meisten Leute nennen, sind ihre Karriere und ihre Familie. Natürlich verstehen wir das, doch sicher kann sich jeder Mensch eine halbe Stunde am Tag Zeit nehmen. Die meisten Menschen in Amerika verbringen weit mehr als eine Stunde vor dem Fernsehapparat. Warum nicht einen kleinen Teil dieser Zeit nutzen, um ein Instrument zu spielen?

Es muss kein ausgefallenes Instrument sein. Ein einfaches Keyboard genügt. Eine Gitarre. Eine Mundharmonika. Eine Indianerflöte oder eine Trommel. Sie sind alle leicht zu spielen, sie sind nicht teuer und sie bieten Ihnen eine Ausdrucksmöglichkeit. Viele von Ihnen haben wahrscheinlich ein Instrument, das auf dem Dachboden oder in der Garage Staub ansammelt. Sie haben aufgehört, darauf zu spielen, als Sie älter wurden. Nun, jetzt ist die Zeit gekommen, es abzustauben, es stimmen zu lassen, neue Saiten zu kaufen und wieder zu spielen. Es macht nichts, wenn Sie das meiste von dem, was Sie konnten, vergessen haben. Es ist egal, ob Sie jemals Stunden nehmen werden.

Viele Menschen sagen uns „Oh, ich liebe Musik, aber ich bin kein bisschen musikalisch.“ Man hat ihnen gesagt, dass sie um nichts in der Welt einen Ton richtig halten können oder dass sie ein schlechtes Ohr haben. Unsinn! Jeder ist musikalisch. Jeder hat ein Lied zu singen. Und wenn die Musik, die Sie machen, sonst niemandem gefällt – nun, dann eben nicht. Sie ist für Sie. Lassen Sie sich von niemandem entmutigen, wenn Musik machen das ist, wonach Sie sich sehnen. Ein Musikprofessor an der Highschool sagte Richard, dass er absolut kein Talent oder musikalische Fähigkeiten hätte und dass er das Gitarrenspiel aufgeben sollte. Wie unrecht der Professor hatte!

Sie können Musik machen. Es ist in Ihnen. Und es gibt nichts, und wir betonen noch einmal, absolut nichts Besseres, um sich physisch, emotional und spirituell gesund zu fühlen, als Musik zu machen. Mit einem Instrument oder mit Ihrer Stimme, das ist gleichgültig.

Und welche Tätigkeit könnte geeigneter sein, um Zeit mit Ihrer Familie zu verbringen? Musikmachen ist ein kreativer, lustiger und aktiver Zeitvertreib. Kleine Kinder lieben es, Musik zu machen. Fördern Sie es und spielen Sie mit ihnen. Besorgen Sie sich einige kleine Trommeln oder einen „Musicmaker“ (ein kleines harfenähnliches Instrument).

Oder vielleicht möchten Sie tanzen. Machen Sie sich keine Gedanken über Form oder Stil oder sonst etwas. Schalten Sie die Stereoanlage ein und tanzen Sie. Lassen Sie den Takt Ihre Füße bewegen. Zusätzlich zu der Tatsache, dass Tanzen eine großartige Übung ist, macht es Sie glücklich. Es lässt Sie für eine Weile Ihre Sorgen vergessen und lässt Sie wieder ein Kind sein.

*Musik wird dich in*
*himmlische Sphären entführen,*
*wo Engelsscharen darauf warten,*
*dich willkommen zu heißen,*
*dich zu umarmen*
*und dir Frieden und*
*Heilung zu gewähren.*

*D. Joseph*

ZEHN

# Entdecken Sie Ihre eigenen Heilklänge

*„Je aufmerksamer ich horche,*
*umso tiefer wird die Stille.“*

*Anonym*

Sie haben Ihr ganzes Leben lang Spaß an Musik gehabt, doch nun werden wir Ihnen beibringen, wie Sie sie wirklich *hören* können. Sie werden die Klänge des Schweigens, des Lärms und schließlich der Musik hören. Dann werden Sie lernen, auf all diese Dinge zu *horchen.* Fangen wir an.

Nehmen Sie dieses Buch, einen CD-Player, *Millennium* oder eine andere CD, die Ihnen vertraut ist, und ein Paar Ohrenstöpsel oder etwas Watte für Ihre Ohren. Wir werden in diesem Kapitel einige Übungen durchnehmen, doch Sie müssen Sie nicht alle in einem Zug machen. Das beste an diesem Prozess der wirklichen Musikerfahrung ist, dass er andauert. Und immer wenn Sie das Gefühl haben, ihn zu brauchen oder zu wollen, ist er da. Er wird Ihnen helfen, sich auf die Freude und den Frieden einzustimmen, die immer in Ihnen sind.

## Zeit für den Frieden

In dieser Welt der neunfach bereiften Lastwagen, der Flugzeuge und Züge, mit Verkehrslärm, Klimaanlagen und Geschirrspülern vergessen wir manchmal, auf die Stille zu horchen. Traurige Tatsache ist, dass viele Menschen es einfach nicht ertragen, in der Stille zu sein. Wie viele Menschen kennen Sie, die sagen: „Ich lasse den Fernsehapparat einfach zur Gesellschaft laufen?" Wir kennen viele Leute, die den Fernsehapparat wegen der Bilder anlassen, dann den Ton wegschalten und das Radio anstellen. Audio- und Videostimulierung. Das lässt dem Geist nicht viel Raum für Selbstbeobachtung und Reflexion, oder?

Zuerst müssen Sie die Dinge abstellen. Gehen Sie auf Abstand zum Lärm, zum Stimmengewirr, zur Welt. Gehen Sie an einen ruhigen Ort oder an einen Ort, der so ruhig wie möglich ist. Wenn Sie Familie haben, müssen Sie im Voraus klarstellen, dass Sie jetzt ein wenig Zeit für sich selbst brauchen. Dämpfen Sie das Licht oder zünden Sie Kerzen an. Wenn Sie im Freien sind, achten Sie darauf, einen Hut zu tragen oder im Schatten zu sitzen, damit die Sonne Ihnen nicht direkt in die Augen scheint.

Nun setzen Sie sich nieder. Auf den Boden, in Ihren Lieblingssessel, mit dem Rücken an einen freundlichen Baum gelehnt. Sitzen Sie bequem, und so wie es Ihnen Ihre Mutter immer sagte, setzen Sie sich gerade hin. Es ist wichtig, beim Zuhören eine gute Haltung zu haben. Schlagen Sie Ihre Beine nicht übereinander und schlagen Sie sie nicht ein. Tragen Sie weite, bequeme Kleidung. Lassen Sie Ihre Arme bequem neben Ihrem Körper ruhen. Es geht darum, Ihre Blutzirkulation in keiner Weise einzuengen und es Ihrer Energie zu ermöglichen, frei in Ihrem Körper auf und ab zu fließen. Horchen Sie einige Augenblicke auf die Umgebung, bevor Sie die nächsten Schritte befolgen.

## Atmen Sie

Wann haben Sie zuletzt einen wirklich tiefen Atemzug getan? Außer wenn Sie Yoga praktizieren oder ein Langstreckenläufer sind, werden Sie wahrscheinlich nicht Ihre gesamte Lungenkapazität nutzen. Atmen Sie lange und tief durch die Nase ein, füllen Sie Ihr Zwerchfell voll an, so dass Ihr Bauch von der Luft gedehnt wird. Halten Sie den Atem einige Sekunden an, dann atmen Sie vollständig durch die geschürzten Lippen aus, bis alle Luft heraus ist. Wiederholen Sie dies etwa dreimal. Ihnen wird sehr wahrscheinlich etwas schwindlig werden, wenn Sie nicht an tiefes Atmen gewöhnt sind. Das ist in Ordnung. Es ist, weil Sie Ihrem Körper zusätzlichen Sauerstoff zuführen.

## Entspannen Sie sich

Entspannen Sie nun Ihren Körper, einen Bereich nach dem anderen. Spannen Sie Ihre Gesichts- und Halsmuskeln an. Halten Sie die Anspannung einige Sekunden, dann entspannen Sie wieder. Lockern Sie Ihre Kiefer und entspannen Sie Ihre Muskeln. Nun spannen Sie die Schultern und den oberen Rücken an, halten Sie die Spannung, dann entspannen Sie. Fahren Sie entlang Ihres Körpers nach unten fort, spannen und entspannen Sie die Bauchmuskeln, Oberschenkel, Waden und Füße. Denken Sie daran, weiter so tief wie möglich ein- und auszuatmen, während Sie das tun. Wenn Sie fertig sind, kehren Sie nach oben zurück und gähnen Sie, lang und tief.

Reiben Sie sich die Schläfen, die Wangen, die Ohrmuscheln, massieren Sie sanft den Bereich vor und hinter den Ohrenöffnungen. Atmen Sie weiter tief ein und aus und reiben Sie sanft die Rückseite Ihres Halses und Kopfes. Massieren Sie sanft die Seiten des Halses. Während Sie das tun, stellen Sie sich bildlich vor, dass die Muskeln um die Ohrenöffnungen sich entspannen, die Kanäle sich öffnen und dass die Durchgänge völlig frei und rein sind. Nichts engt sie ein. Stellen Sie sich vor, wie sie sich irgendwo in der Mitte Ihres Kopfes treffen, und dass Ihr Gehirn alle Klänge aufnehmen kann, die sie übertragen. Es geht darum, die Muskeln, die Ihr Gehörsystem umgeben, zu entspannen und sie für eine bessere Rezeption zu öffnen.

## Der Klang der Stille

Horchen Sie nun einfach auf die Stille. Sitzen Sie einige Augenblicke ganz still und hören Sie auf die Stille, in der Sie sich befinden. Sie wird nun anders klingen als zu Beginn der Übung. Vielleicht hören Sie Vögel singen, eine Zikade zirpen, eine Klimaanlage summen. Was auch immer. Vielleicht gibt es viele unterschwellige Geräusche.

Hören Sie nacheinander auf jedes von ihnen, konzentrieren Sie sich auf jedes einzelne, dann blenden Sie sie aus. Wir möchten, dass Sie sich durch diese Übung einfach des Hörens *bewusst* werden. Hören Sie auf alle Geräusche um Sie herum. Versuchen Sie nicht, sie als gut oder schlecht zu beurteilen, *hören* Sie sie nur.

*„Sicher liegt sogar in der Schönheit*
*und in dem stillen Ton, den Amor anschlägt, Musik,*
*viel reiner als der Klang eines Instrumentes.*
*Denn Musik ist überall dort, wo*
*Harmonie, Ordnung oder Gleichmaß besteht.*
*Und insofern können wir vielleicht*
*die Musik der Sphären aufrecht erhalten."*

*Sir Thomas Browne*

## Horchen Sie auf Ihren Körper

Stopfen Sie nun etwas Watte oder die Ohrenstöpsel in Ihre Ohren. Das ermöglicht es Ihnen, sich auf die Geräusche zu konzentrieren, die Ihr Körper macht, während er ruht.

Da gibt es Rhythmen und Kadenzen, die Sie willkürlich verändern können. Sie wissen, dass Sie Ihre Atmungsfrequenz verändern können, doch was ist mit Ihrem Herzschlag? Können Sie ihn langsamer werden lassen? Können Sie beruhigende Gedanken denken und Ihren Blutdruck senken? Versuchen Sie es. Stellen Sie sich selbst auf einer wunderschönen Lichtung vor, gebadet in warmem Sonnenlicht, während eine sanfte Brise Ihr Haar streift. Achten Sie auf Ihren Herzschlag und Ihre Atmung, während Sie sich diese Situation vorstellen. Unterscheiden sie sich auf irgendeine Weise von Ihrem normalen Zustand?

Zweck dieser Übung ist, dass Sie sich Ihres Körpers bewusst werden. Er ist ein wunderbares Geschenk, dieser menschliche Körper, ganz gleich, welche Fehler oder Eigenschaften an ihm wahrgenommen werden. Er hat seine eigene natürliche Resonanzfrequenz, und wir möchten, dass Sie erkennen, was das ist. Wenn Sie eingestimmt sind auf das, was Ihr Körper in Ruhe ist, können Sie besser analysieren, welche Auswirkung Töne und Musik auf ihn haben, wenn er sich nicht im Ruhezustand befindet.

Dann können Sie objektiv analysieren, was am besten für ihn ist und was Sie vermeiden müssen. Mit diesem Wissen können Sie andere Töne und Frequenzen und die Musik an sich nutzen, um Ihren Geist und Ihren Körper zu einem friedlichen, gesunden Zustand zu führen.

## Hören Sie die Musik

Hören Sie nun *Millennium.* Das Stück Nummer zehn *(Gabriel's Lullaby)* eignet sich besonders gut, weil es einfach ist und reine Töne hat. Erlauben Sie Ihren Ohren, sich auf Musikhören einzustellen. Stellen Sie eine niedrige Lautstärke ein. Erleben Sie, wie anders es ist, auf diese Weise der Musik zu lauschen, als auf jene, auf die wir es normalerweise tun, ohne Bewusstsein. Diese Musikhörübung ist besonders wirksam, wenn Sie dicke, gepolsterte Kopfhörer verwenden können. Sie blocken nicht nur externe Geräusche ab, sondern erlauben Ihnen auch, jeden Teil der Musik zu hören.

Hören Sie sich dann eine Aufnahme an, die Sie schon oft gehört haben. Vielleicht ein Pop-Album oder Klassik oder irgend etwas anderes, was Sie gut kennen. Sie werden mit diesem neuen Bewusstsein viele neue Dinge darin hören. Welches Gefühl vermittelt Ihnen diese Musik? Welche Art von Frequenzen sendet sie zu Ihnen aus? Wenn Sie diesen Teil der Hörübungen erreicht haben, machen Sie eine Pause. Erlauben Sie Ihrem Geist, die Erfahrung bewussten Hörens in Erinnerung zu rufen und zu würdigen.

*„Solange sie andauert,*
*bist du die Musik."*

*T. S. Eliot*

## Machen Sie Ihre eigene Musik

Sie haben auf den Klang der Stille gehört, auf die Musik und auf das einfache Sein Ihres eigenen Körpers. Sie haben gelernt, Muskeln zu entspannen, und Ihre Ohren wirklich hören gelehrt. Nun werden Sie die Schwingungen der Musik im Inneren Ihres Körpers spüren, während Sie Ihre eigene Art von Musik erzeugen. Machen Sie die Atem-, Entspannungs-, Hör- und Zuhörübungen, die weiter oben in diesem Kapitel dargelegt wurden.

Anstatt auf aufgenommene Musik zu hören, summen Sie. Irgend etwas. Die Melodie zu *Amazing Grace*, wenn Sie wollen, oder ein Kinderlied. Ein Kirchenlied, das Sie besonders mögen. Achten Sie darauf, wie es sich im Hals anfühlt, in Ihren Ohren und wie es in Ihrem Kopf klingt. Stopfen Sie sich nun die Ohren zu oder halten Sie die Hände darüber, und summen Sie wieder.

Heben und senken Sie den Tonfall Ihres Summens. Summen Sie eine einzelne Melodie ganz oder Teile von verschiedenen Melodien. Da Ihr Körper auf Bewusstsein konditioniert wurde, sollten Sie in der Lage sein, die Auswirkungen verschiedener Frequenzen im Summen wahrzunehmen. Bei welchen Frequenzen geht es Ihrem Körper besser, bei welchen schlechter?

Summen ist eine sehr wirksame Methode, um mit Ihrem Körper und den Frequenzen, die er braucht in Beziehung zu treten. Doch es ist auch eine sehr gute Methode, um Frequenzen zu verdecken, die er nicht möchte. Wenn Sie zum Beispiel in einer besonders lauten Umgebung wie einer U-Bahn sind oder irgendwo, wo hohe Frequenzen Sie stören, summen Sie. Sie können so leise summen, dass Sie niemanden stören, und doch wird es in Ihrem Körper und in Ihrem Geist schwingen. Sie können schlechten Schwingungen entgegenwirken, indem Sie durch Summen Ihre eigenen guten Schwingungen schaffen.

## Genießen Sie die Musik

Nun, da Sie die Möglichkeit hatten zu analysieren, was Sie entspannt, was Sie glücklich macht und was Sie traurig macht, ist es Zeit für Spaß. Es wird Zeit, ein wenig neue Musik zu hören. Gehen Sie zu einem Musikgeschäft, wo Sie die CDs probeweise anhören können. Analysieren Sie sorgfältig, wie jedes einzelne Stück auf Sie wirkt.

Gehen Sie in ein Café oder zu einem anderen angenehmen kleinen Treffpunkt, wo Sie akustische Livemusik hören können. Es gibt viele talentierte Musiker, die beruhigende Instrumentalmusik spielen. Trinken Sie eine Tasse Kaffee oder Tee und hören Sie ihnen wirklich beim Spielen zu. Heben Sie sich die Unterhaltung für die Pausen auf.

Wenn die Musik Ihnen ein gutes Gefühl vermittelt, stellen Sie fest, ob es eine CD von den Künstlern gibt, und nehmen Sie sie mit nach Hause. Nur weil es sie nicht in den Musikgeschäften gibt, heißt es nicht, dass ihre Musik nicht inspirierend ist. Im letzten Kapitel nennen wir einige Künstler, die Musik produzieren, die Gesundung und inneren Frieden fördert. Beginnen Sie hier und experimentieren Sie mit anderen, auf die Sie irgendwann treffen werden.

Das Wichtigste, an das Sie denken müssen, wenn Sie Musik für physische, emotionale oder spirituelle Heilung auswählen, ist, dass sie inspirierend für *Sie* sein soll. Etwas, was heilende Schwingungen für jemand anderen besitzt, ist nicht unbedingt das Richtige für *Sie*. Wenn Sie bewusstes Zuhören üben, werden Sie sehr gut darin werden, zu erkennen, was das Beste für Sie ist.

*Der, der in die Wahrheit eingeweiht wurde,*
*weiß, dass auf jedes Plätschern einer Melodie,*
*auf jedes Wogen von Harmonie*
*aus seinem Innersten,*
*aus dem Meer von Tod und Geburt*
*ein unermesslicher Strudel von*
*alten Schmerzen und Freuden antwortet.*

*Paul Elmer More*

## ELF

# Inneren Frieden schaffen

*„Musik ist das Tor zwischen deiner physischen Existenz und den höheren Oktaven deines Seins."*

*Catherine Winkler*

Musik ist, in sich und aus sich heraus eine starke Heilerin. Einfach, indem Sie sich zurücklehnen und Musik genießen, fühlen Sie sich beruhigt und getröstet.

Wenn Sie die Magie der Musik kombinieren mit der Kraft der Meditation und anderen Methoden zur Verbindung mit der Kraft, die in Ihnen ist, so bieten sich zahllose Möglichkeiten für Weiterentwicklung und Heilung.

Wenn Sie bereits meditieren, werden Sie das meiste des Materials, das nun folgt, kennen. Doch wenn dieser ganze Prozess neu für Sie ist, werden Sie diesen Schnellkurs zum Anheben des Bewusstseins genießen. Verwenden Sie diese Informationen, um die Nutzen Ihrer musikalischen Reise zu Heilung und innerem Frieden zu vergrößern.

## Eine Meditationsfibel

Lassen Sie sich von dem Begriff Meditation nicht abschrecken. Das ist nicht irgendein mystisches, geheimes Ritual, das von einer zurückgezogenen Gemeinschaft von Mönchen in braunen Gewändern praktiziert wird, wie Richard immer dachte. Es ist so viel einfacher als das. Meditieren ist nicht „New Age" oder kompliziert oder geheimnisvoll, und Sie brauchen sich nicht zu einer Brezel zusammenzufalten, um sie auszuüben.

Meditieren heißt Ihren Verstand daran zu hindern, sich in ziellosem Denken zu verlieren, und sich dafür auf Ihr Bewusstsein zu konzentrieren. In sich gehen und horchen ist meditieren. Indem man einfach still ist, tief und frei atmet, bewusste Gedanken ins Universum schickt und sie auch einlässt, erlebt man ein wunderbares Gefühl des Verbundenseins mit dem Universum und sich selbst. Das Geschenk der Meditation ist innerer Friede und spirituelle Weisheit.

Meditieren Sie häufig am Tag, wann immer Sie einige Augenblicke für sich haben, oder am Abend, um zu entspannen. Nun, da Richard der Meditation eine Chance gegeben hat, ist sie für ihn als Liederschreiber, im Umgang mit den Problemen des Alltags und bei geistigen Dingen ungemein hilfreich.

Es gibt Hunderte von Büchern auf dem Markt, die Ihnen das Meditieren beibringen, doch prinzipiell gibt es drei Methoden. Wenn Sie mit dieser Meditationspraxis beginnen, experimentieren Sie mit allen dreien. Sicherlich wird eine davon sich besser für Sie eignen als die anderen. Es ist auch möglich, dass eine an einem bestimmten Tag für Sie funktioniert, während am nächsten Tag eine andere Methode besser funktionieren wird. Die Hauptsache, die Ihnen klar sein muss, ist, dass Ihr Verstand zuerst sehr, sehr beschäftigt sein wird. Sie wissen schon, dieses monotone Summen von Gedanken, das in Ihrem Kopf weitergeht, wenn Sie sich am Abend hinlegen oder wenn Sie nur still dasitzen. Das ist zu erwarten. Es wird kommen und gehen. Meditative Musik in freier Form wird sehr helfen, dieses Geschwätz zum Schweigen zu bringen. Nutzen Sie die Musik, wenn Sie diese Techniken ausprobieren.

**Konzentrieren Sie sich auf die Atmung**

Atmen Sie bewusst die ganze Luft aus Ihren Lungen aus. Atmen Sie dann tief ein, indem Sie Ihr Zwerchfell dehnen, um Ihre Lungen aufzublasen. (Hier sollte Ihr Bauch gedehnt sein – nicht Ihr Brustkorb!) Halten Sie diese Kraft verleihende Luft an, bis Sie sich gesättigt fühlen. Atmen Sie anschließend aus und benutzen Sie Ihr Zwerchfell, um alle Luft aus Ihren Lungen zu pressen. Wiederholen Sie diesen Vorgang vier- bis fünfmal.

Nun atmen Sie einfach normal, doch achten Sie auf das Ausatmen. Wenn Sie ausatmen, stellen Sie sich vor, dass all Ihre Bemühungen – um Antworten, um Erfolg, um irgendetwas – Sie verlassen. Stellen Sie sich vor, dass die Gedanken und Gefühle, die Sie blockieren, mit Ihrem Atem ausgeatmet werden. Bevor Sie einatmen, wird es eine kurze Zeitspanne geben – einen offenen Raum –, in der Sie aufhören zu kämpfen und in der Sie sich ergeben. Vergrößern Sie diesen Abstand, wenn Sie einatmen. Vergrößern Sie diesen offenen Raum, so dass Ihr Geist sich entspannen kann.

Richten Sie nur einen kleinen Teil Ihrer Aufmerksamkeit auf das tatsächliche Atmen. Konzentrieren Sie den Rest auf diese Lücke im Denken, wo Ihr Geist frei ist. Wenn Sie das praktizieren, werden Sie feststellen, dass der Abstand länger und länger wird und dass Ihr Geist offen ist für die wichtigen Gedanken, auf die Sie sich konzentrieren möchten. Hier erfolgt nun die eigentliche Meditation.

### Konzentrieren Sie sich auf einen Gegenstand

Viele von uns müssen ihre Vision auf einen Gegenstand richten, um den Geist frei zu machen. Eine brennende Kerze, einen Kristall oder ein Kunstwerk. Das Bild eines Engels, von Jesus, Buddha oder jemand anderem, den Sie der Nacheiferung für wert befinden oder der Ihnen in der Vergangenheit Trost und/oder Wissen geschenkt hat.

Atmen Sie tief, doch anstatt sich auf Ihre Atmung zu konzentrieren, richten Sie Ihre Aufmerksamkeit auf den Gegenstand, den Sie gewählt haben. Wenn Sie ihn betrachten, wird Ihr Geist zuerst wandern. Wenn er das tut, richten Sie Ihre Aufmerksamkeit wieder auf den Gegenstand. So wie es einen Abstand zwischen einatmen und ausatmen gibt, gibt es auch einen Raum zwischen Gedanken, die in Ihrem Geiste auftauchen und wieder verschwinden. Das ist der Freiraum, den Sie anstreben. Dehnen Sie diese Freiräume aus, zu immer längeren Augenblicken des Friedens. Dort wird Ihr Bewusstsein erscheinen. Dort ist es, wo Sie meditieren.

### Rezitieren Sie ein Mantra

In vielen überkommenen Religionen, den tibetischen Buddhismus, den Hinduismus und sogar das orthodoxe Christentum eingeschlossen, werden Mantras benutzt, um zu fokussieren. Ein Mantra wird sehr einfach definiert als „das, was den Geist schützt“. Es schützt den Geist vor Negativität und vor dem Ich.

Ein Mantra kann ein Gebet sein, ein affirmativer Sprechgesang oder auch nur einige besondere Worte. Haben Sie je bemerkt, wie Sie inständig beten, wieder und wieder, wenn Sie Angst haben, nervös oder verwirrt sind?

Kate spricht oft das *Gebet der Gelassenheit,* wenn sie frustriert ist. Es macht sie friedlicher und weniger ungeduldig.

*„Möge Gott mir die Gelassenheit schenken,*
*die Dinge, die ich nicht ändern kann, zu akzeptieren,*
*die Stärke, die Dinge, die ich ändern kann, zu verändern,*
*Und die Weisheit, zwischen beiden zu unterscheiden."*

Das *Vaterunser* ist ebenfalls ein Mantra. Viele Menschen, vor allem wenn sie katholisch erzogen wurden, sprechen ein Gebet zur Jungfrau Maria: *„Gegrüßet seist Du, Maria, voll der Gnaden, der Herr ist mit Dir, …"* Auch das ist ein Mantra. Das Aufsagen eines Mantras kann Ihre Verfassung vollkommen verändern. Es verändert die Energie und die Atmosphäre des Geistes, weil es – als Klang – die Verkörperung einer Wahrheit ist, an die Sie glauben. Jedes Wort, jede Silbe hat spirituelle Macht und der Geist sendet diese subtile Kraft zu jedem Körperkanal. Durch das Sprechen eines Mantras wird diese Energie auch zu Ihrem Geist gesandt.

Sie können ein Mantra langsam und ruhig aufsagen und dabei die Energie, die es schafft, ein- und ausatmen. Ihr Bewusstsein, Ihre Atmung und der Sprechgesang werden langsam eins werden. Oder Sie können ein Mantra auf eine mitreißende Art sprechen, es vielleicht vertonen, und dann in dem Schweigen ruhen, das folgt. Dort wird Ihr Bewusstsein sich einstellen.

Einige der inspirierendsten Mantras stammen aus dem tibetischen Buddhismus. Auch die folgenden haben wir als sehr wirksam erlebt:

*„Das Licht ist ich, ich bin das Licht."*

*„Danke, Großer Geist, für den Frieden in meiner Seele,*
*die Kraft in meinem Körper und die Freude in meinem Herzen."*

Sie werden andere Wahrheiten haben, an die Sie glauben; positives Wissen, das Sie in ein Mantra hineinlegen können, das Ihnen Kraft verleihen wird. Denken Sie über sie nach, formen Sie sie zu einem Mantra und benutzen Sie sie.

## Geführte Fantasiereisen

Geführte Fantasiereisen werden auf eine technische Art von vielen Psychiatern, Ärzten und Musiktherapeuten angewandt. Sie helfen Menschen mit spezifischen physischen und emotionalen Problemen wie Flugangst oder Angst vor Spinnen. Wir haben einige besondere Bilder für Ihre Heilarbeit geschaffen und einige für spezifische Probleme in vorhergehende Kapitel aufgenommen.

Doch die Fantasiereise, die nun folgt, ist eine Art Bild für den „allgemeinen Gebrauch". Es wird Sie zu einem Ort des Friedens bringen, und Sie können dieses Bild immer dann anwenden, wenn Sie das Bedürfnis haben, den Dingen zu entkommen.

## Eine Reise im Geist

Bevor Sie anfangen, empfehlen wir Ihnen wie immer Kopfhörer und Millennium zu benutzen. Machen Sie es sich gemütlich, atmen Sie tief und entspannen Sie sich.

*In Ihrem Geiste sind Sie an Ihrem Arbeitsplatz oder zu Hause. Sie sind umgeben von den üblichen Geräuschen, vertrauten Anblicken und Gerüchen. Sie gehen weiter, und während Sie das tun, lösen sich die alltäglichen Anblicke und Töne um Sie herum auf und Sie schreiten in ein Meer von gedämpften Pastellfarben. Alles um Sie herum ist beruhigende, flüssige Farbe. Sie haben das Gefühl, auf einer Wolke zu gehen. Schwerelos, mühelos. Sie gehen eine Weile weiter, und Ihr Körper entspannt sich und verschmilzt mit diesen sanften Farben. Sie sind eins mit Ihrer Umgebung und Sie sind ganz.*

*Langsam verfestigt sich Ihr Körper wieder aus den hellen Farben, in denen Sie sich gerade befanden. Und während das geschieht, sehen Sie einen wunderbaren grünen Wald vor sich. Sie verlassen die gedämpften Farben und betreten eine Lichtung im Wald. Sie gehen über die Lichtung zwischen den Bäumen und folgen einem bequemen Pfad tiefer hinein in den Wald. Sie sehen freundliche Waldgeschöpfe um sich herum, die keine Angst vor Ihnen haben und auch Sie fürchten sich vor nichts in dem Wald. Er ist ruhig, heiter, und es duftet wunderbar nach Kiefern.*

*Sie gehen weiter in den Wald hinein und kommen zu einer Lichtung mit einem kleinen Teich. Sie entdecken einen Flecken Gras neben dem Wasser und setzen sich nieder. Sie können sich selbst im Wasser sehen und Sie sehen, dass Sie ganz und vollkommen und glücklich sind. Während Sie in das Wasser schauen, wird Ihnen klar, dass dieser Ort des Friedens in Ihnen selbst ist – Sie haben ihn erschaffen. Sie stehen auf, lächelnd, und verlassen den Teich. Dieses wunderbare, friedliche Gefühl bleibt bei Ihnen, und wenn Sie zurückkehren in Ihre Alltagswelt, behalten Sie das Wissen darüber, dass dieser Ort des Friedens Ihnen gehört und Sie ihn jederzeit besuchen können, weil er in Ihnen ist.*

Wenn Sie diese Fantasiereise beendet haben, lassen Sie sich einige Augenblicke Zeit, bevor Sie mit Ihrer Alltagsroutine fortfahren. Wenn Sie diese Art Meditation mögen, stehen Ihnen im Handel viele wunderbare Bücher und Aufnahmen mit herrlichen Reisen zur Verfügung, die Ihnen helfen werden, mit unterschiedlichen Herausforderungen in Ihrem Leben fertig zu werden.

## Affirmationen

Eine Affirmation ist ein positiver Gedanke, eine Aussage darüber, wie die Dinge sind, oder sein sollten. Affirmationen werden oft verwendet, wenn man versucht, eine Krankheit, eine unangenehme Verfassung oder eine schwierige Situation zu überwinden.

Wenn Sie zum Beispiel Schwierigkeiten haben, eine neue Fertigkeit bei der Arbeit zu erlernen, oder sich irgendwie nicht in der Lage fühlen, eine bestimmte Aufgabe zu erledigen, wäre eine gute Affirmation:

> *„Ich bin ein fähiger, intelligenter Mensch. Ich bin bereit, willens und in der Lage, jeder Aufgabe mit Freude und Enthusiasmus nachzukommen. Ich freue mich sehr, mich einer Herausforderung stellen zu können, und ergreife diese Gelegenheit, zu lernen."*

Es ist leicht, verfangen zu bleiben in der Negativität und den Unannehmlichkeiten, die das moderne Leben zu durchziehen scheinen. Schießereien in Schulen, Naturkatastrophen, Bandengewalt. All diese Dinge stören unseren Seelenfrieden. Eine gute Idee ist, täglich eine Affirmation anzuwenden, um sich selbst vor dem, was Ihren Frieden zu erschüttern droht, zu schützen.

Hier eine Affirmation, die Richard jeden Tag benutzt:

> *„Ich bin umgeben und erfüllt*
> *vom weißen Licht des Schöpfers.*
> *Nur Gutes wird mich erreichen,*
> *und nur Gutes*
> *wird von mir ausgehen."*

Sie werden Ihre eigenen besonderen Situationen erleben, seien sie nun emotional oder physisch. Stellen Sie sich ihnen und rücken Sie dann alle Möglichkeiten in ein positives Licht. Kleiden Sie die positive Energie in Worte und erstellen Sie Ihre eigene Affirmation. Wir haben in Kapitel zwölf einige wirksame Affirmationen für Sie angeführt, eingeteilt nach besonderen Problemen oder Umständen. Variieren Sie sie frei, damit sie für Sie passen.

Affirmationen mögen auf den ersten Blick wie Mantras scheinen, doch das sind sie nicht. Ein Mantra ist wie ein Sprechgesang – etwas, was Sie wieder und wieder in einer Art Singsang wiederholen. Eine Affirmation ist eine Aussage.

Wenn Sie sie laut aussprechen, sind Affirmationen besonders wirksam. Affirmationen werden immer im positiven Modus ausgesprochen. Das heißt, Sie sagen: „Ich bin gesund" anstatt: „Ich bin nicht krank." Unser Geist nutzt die Energie einer positiven Aussage in viel stärkerem Ausmaß als die Energie einer negativen Aussage. Wie wir bereits erwähnten, ist Schall Energie. Energie erschafft. Worte erschaffen. Wenn Sie etwas laut aussprechen, dann strömt all Ihre kreative Energie aus Ihnen heraus. Die Macht, zu erschaffen, wird durch Ihre Worte tausendfach vergrößert.

## Kontemplationen

Im folgenden Kapitel bieten wir einige Kontemplationen, die Sie in Ihre tägliche Musik und Meditationsroutine einbauen können. Sie haben nichts Magisches an sich – es sind nur Zitate, Gedanken und Bemerkungen, über die Sie vielleicht meditieren möchten. Es sind Passagen aus einem Buch, ein Zeitungsartikel, ein Gedicht oder einfach ein dem Internet entnommener Text. Manche sind Gedanken, die uns in Träumen überkamen, oder Fragen aus Visionen. Wir stellten fest, dass diese und ähnliche Passagen uns geholfen haben, beim Meditieren zu fokussieren, und wir hoffen, dass Sie auch Ihnen helfen werden.

Ihre eigenen Kontemplationen ausfindig zu machen ist eine positive Art, Zeit zu verbringen. Sie werden in Kalendern, in Tagesplanern, im Text eines bekannten Liedes oder in etwas, was Ihre Großmutter sagte, als Sie zehn waren, persönliche Themen zum Nachdenken finden.

*Vielleicht ist*
*Musik*
*das, was die Welt*
*retten wird.*

*Pablo Casals*

ZWÖLF

# Heilklänge

*„Die Freude lebt im Werk an sich.
Es ist der Akt der Schöpfung,
nicht die Schöpfung selbst, der
dem Leben einen Sinn gibt.
In Frieden sein ist kein Ziel.
Es ist ein andauernder Akt der Schöpfung."*

*Kate Mucci*

Das hier ist der Teil dieses Buches, den wir am meisten mögen. Hier werden Sie all die wunderbaren Informationen, die Sie bisher bekommen haben, in die Tat umsetzen.

In Kapitel Neun haben Sie gelernt, wie Sie Ihre Umgebung friedlicher gestalten können. Kapitel Zehn hat Sie gelehrt, wie man hört und zuhört ... und Musik macht. Sie haben gelernt, sich der Wirkungen, die Töne auf Ihren Körper, Ihren Verstand und Ihren Geist haben, bewusst zu werden. In Kapitel Elf haben Sie einen Schnellkurs zum Anheben des Bewusstseins gemacht.

Nun, mit diesem neuen Bewusstsein und dieser neuen Fähigkeit, wirklich Musik zu hören, bieten wir Ihnen eine Reihe von wundervollen Inspirationen und Bildern, die Sie nutzen können, wenn Sie Musik hören. Benutzen Sie sie, um sich aus dem Hier und Jetzt zu entführen zu lassen, als Hilfe, um Verbindung mit Ihrem inneren Ich aufzunehmen, um Stress abzubauen und um sich allgemein positiver und in größerem Ausmaß ganz zu fühlen.

## Heilung und Innerer Frieden

Die folgenden Meditationen, die Musik und die übrigen Hilfsmittel bieten wir Ihnen an, um Ihnen auf Ihrer Reise zu innerem Frieden und einer optimalen Gesundheit weiterzuhelfen.

Denken Sie daran, dies ist eine persönliche Reise. Alles was wir hier vorschlagen, unterliegt sehr stark Ihrer eigenen Interpretation und Sie müssen es an Ihren besonderen Lebensstil anpassen. Das Wichtigste ist, sich Zeit für sich selbst zu nehmen und zu wissen, dass Ihr Streben nach Gesundheit und Frieden jeden Augenblick wert ist.

Genießen Sie die Musikaufnahmen, die wir empfohlen haben. Erforschen Sie die anderen Künstler und Musikgenres, die Ihnen in Ihren lokalen Geschäften und über das Internet zur Verfügung stehen. Machen Sie Ihre eigene Art von Musik. Singen Sie. Summen Sie. Schlagen Sie eine Trommel. Blasen Sie auf einer Mundharmonika. Zupfen Sie eine Harfenzither.

*Musik ist wahrlich ein Geschenk:*
*Packen Sie es aus und genießen Sie es!*

# MORGEN

**Empfohlene Musik:**

*„Castle of Keys"* [1], Ed Achrem
*„Harpestry, A Contemporary Collection"* [2], verschiedene Künstler
*„Celestial Winds I"* [3], Lisa Franco

**Morgenmeditation:**

Dies ist nicht so sehr eine Meditation wie ein sanftes Aufwachen. Die meisten von uns haben keine Zeit, um als erstes am Morgen zu einer fokussierten Meditation zu gelangen. Wenn Sie jedoch Ihren Körper sanft wekken und Ihren Geist und Körper zu sanfter Musik behandeln, bevor Sie den Tag angehen, werden Sie viel besser vorbereitet sein, um sich den Herausforderungen, die der Tag bringen mag, zu stellen.
Wecken Sie Ihren Körper sanft fünf Minuten bevor Sie aus dem Bett steigen. Konzentrieren Sie sich auf jedes Ihrer Körperteile, Ihre Zehen, Ihre Beine, Ihre Arme, Ihre Wirbelsäule. Spannen und entspannen Sie einen Teil nach dem anderen. Zucken Sie die Achseln, kneifen Sie die Augen zusammen, pressen Sie die Kiefer zusammen und entspannen Sie sie wieder. Dann, wenn Sie aufstehen, tun Sie es langsam, strecken Sie dabei Ihre Gliedmaßen und Ihre Wirbelsäule. Wärmen Sie sie auf, gehen Sie sanft mit Ihnen um, mit Dankbarkeit für die Zusammenarbeit.

**Kontemplation:**

Anstatt die Morgennachrichten zu hören oder anzuschauen und über all die schrecklichen Dinge, die in der Nacht passiert sind, oder über das, was heute geschehen könnte, nachzudenken, stellen Sie sich positive, konstruktive Ereignisse in Ihrem eigenen Leben und in der Welt vor.
Zeit ist relativ. Um die Bedeutung einer Sekunde richtig einzuschätzen, sprechen Sie mit jemandem, der einen Unfall überlebt hat. Um die Bedeutung eines Jahres zu erkennen, sprechen Sie mit jemandem, der soeben die Liebe seines Lebens verloren hat. Denken Sie daran, dass jeder Augenblick ein kostbares Geschenk, ein Atemzug Glück ist.

**Affirmation:**

Ich bin dankbar für diesen Tag und für die Gelegenheiten, die er mir bietet, zu lernen, zu wachsen und Freude zu erleben. Ich bin gesund, stark und in Frieden.

**Mantra:**
Frieden und Harmonie sind mein.

## NACHMITTAG

**Empfohlene Musik:**

*„Matriarch"* [4], Joanne Shenandoah
*„Wolf Song"* [5], Nature Quest
*„The Visit"* [6], Loreena McKennitt

**Kontemplation:**

Wenn ich das Leben leicht aussehen lasse, dann wird es leicht werden.

**Affirmation:**

Heute, jetzt, lasse ich all meine Wut, meine Schuldgefühle und meine Angst los. Ich bin entspannt und friedlich. Ich setze meinen Tag mit Freude fort.

**Mantra:**
Tue jedem, was für ihn am besten ist.

# ABEND ODER NACHT

**Empfohlene Musik für einfache Entspannung, Tischmusik, Besuche oder zum Nickerchen:**

*„Celtic Twilight"* [3] *„Lullabies"* [7], Verschiedene
*„Millennium"* [8], Crosswynd (die diesem Buch beigefügte CD)
*„World Blue"* [9], Neil Jacobs

**Zur Meditation empfohlene Musik:**

*„The Fairy Ring"* [10], Mike Rowland
*„Rain Forest Meditation"* [11], Daniel Emmanuel (dies ist eine hervorragende geführte Meditation)
*„Celestial Love Songs"* [12], Brain Mind Research

**Kontemplation:**

So viel Gutes geschieht jeden Tag. Geschieht es zufällig? Wie viele Zufälle haben heute mein Leben verbessert?

**Affirmation:**

Wenn ich heute Abend schlafen gehe, weiß ich, dass ich gesegnet bin durch meine eigene Kraft und Liebe und die Liebe meines Schöpfers. Ich lasse heute Abend all meine Gedanken frei fliegen. Während ich schlafe, werde ich die kreative Kraft meiner Träume in mich aufnehmen. Ich nutze meine Kraft, um jeden Teil von mir zu heilen und um den Frieden, der in meinem Ich ist, zu finden und zu genießen.

**Mantra:**
Ich bin froh, ich zu sein.

# SEELENFRIEDEN

**Empfohlenen Musik:**

„*Gifts of the Angels*" [13], Steven Halpern
„*The Weaving*" [14], Denean
„*Lifescapes Relaxing Harp*" [15], Judy Dow und Joel Sayles

**Kontemplation:**

„Ein Mensch ist Teil eines Ganzen, das wir ‚Universum' nennen, ein in Zeit und Raum begrenzter Teil.
Er erlebt sich selbst, seine Gedanken und Gefühle als etwas, was vom Rest getrennt ist ... eine Art optische Täuschung seines Bewusstseins. Diese Täuschung ist eine Art Gefängnis für uns, das uns auf unsere persönlichen Wünsche und auf Zuneigung für einige wenige Menschen, die uns am nächsten stehen, einschränkt. Unsere Aufgabe muss sein, uns aus diesem Gefängnis zu befreien, indem wir den Kreis unseres Mitgefühls ausdehnen, um alle lebenden Kreaturen und die gesamte Natur in ihrer Schönheit aufzunehmen."

Albert Einstein

**Affirmation:**

Ich weiß, dass ich alles tun kann, zu dem ich berufen werde; dass ich mit allem umgehen kann, mit dem ich umgehen muss. Ich bin gesegnet mit Zuversicht und Seelenfrieden.

**Mantra:**

Eine offene Tür heißt den Frieden willkommen.

# GEGENMITTEL ZU STRESS

**Empfohlene Musik:**

*„Millennium"* [8], Crosswynd (die diesem Buch beigefügte CD)
*„Celtic Legacy"* [16], Verschiedene
*„Sound Healing"* [17] oder *„Ocean Dreams"* [18], Dean Evenson

**Mediationsübung:**

Schalten Sie eine der empfohlenen Aufnahmen ein und befolgen Sie diese Schritte, um vollkommen zu entspannen:
Legen Sie sich hin, legen Sie einengende Kleider, Gürtel oder Schmuck ab oder lockern Sie sie. Schließen Sie die Augen. Beginnend oben an Ihrem Körper, straffen Sie jede Muskelgruppe. Kneifen Sie Augen, Wangen und Halsmuskeln zusammen. Halten Sie die Anspannung einige Sekunden lang, dann lösen Sie sie. Atmen Sie tief ein. Machen Sie das gleiche mit den Schultern, Armen, Händen, Fingern, mit jedem Teil Ihres Körpers, einschließlich der Zehen. Wenn Ihr Körper entspannt ist, wenden Sie geführte Fantasiereisen an, um Sie an einen stressfreien Ort zu bringen. (Siehe den Abschnitt über geführte Fantasiereisen in Kapitel Elf und auch die Bilder in Kapitel Fünf).

**Kontemplation:**

Jede Entmutigung bietet die wunderbare Gelegenheit, es noch einmal zu versuchen. Mit jeder Chance, es wieder zu versuchen, ist eine Wahl gegeben. Die Entscheidung, an jede Herausforderung mit Liebe und Freude oder aber mit Angst heranzugehen, wird einen Einfluss darauf haben, wie ich das Ergebnis sehe.

**Affirmation:**

Ich bin ein spirituelles Wesen, das dieses menschliche Abenteuer erlebt. Wie ein Tourist ein exotisches Land besucht, so besuche ich die Erde. All dies ist vergänglich, und jeder Tag stellt eine neu zu betrachtende Erfahrung dar; ein neues Foto für das Album.

**Mantra:**
Inmitten von Lärm und Hast gehe ich in Frieden.
Frieden ist in meinem Herzen und Trost in meiner Seele.

## TRAUER

**Empfohlene Musik:**

*„The Chant"* [19], Benediktinermönche
*„In Search of Angels"* [20], Verschiedene
*„Sons of Somerled"* [21], Steve McDonald

**Kontemplation:**

Einen großen Verlust erlitten zu haben, heißt Leere verspüren. Es ist in Ordnung, sich leer zu fühlen, denn das bietet Raum zum Wachsen.
Trauer ist an sich eine Arbeit des Heilsystems, und ich ergreife diese Gelegenheit, mein eigenes Ich zu heilen.
Wenn Sie trauern, liegt eine große Herausforderung darin, sich selbst den Verlust des Menschen oder dessen, was Sie verloren haben, zu vergeben, und denen zu vergeben, die Sie verlassen haben. Vergessen Sie nicht, zurückzublättern und die wundervollen Übungen der Vergebung und die Bilder, die wir Ihnen in Kapitel Sieben geboten haben, zu nutzen, wenn Sie das Bedürfnis danach haben.

**Affirmation:**

Ich bin dankbar, dass ich die Gelegenheit hatte, ..........................................
zu kennen und zu lieben. Ich fühle nun diese Liebe und trage sie in meinem Herzen, wo sie mir Frieden schenkt.

**Mantra:**
Es gibt eine Stunde für alles.

# DEPRESSION

**Empfohlene Musik:**

„*Celtic Odyssey*" [22], Verschiedene
„*The Nature of Hope*" [23], Susan Mazer und Dallas Smith
„*White Stones*" [24], Secret Garden

**Kontemplation:**

„Die größte Freude des Lebens liegt im Geben, im Lieben und im Verzicht. Um zu geben, müssen wir Fülle in uns tragen. Wir können nicht geben, was wir nicht haben. Schaffe daher Fülle: gute Gesundheit, gute Emotionen im Überfluss, gutes Wissen. Dann biete allen Beistand. Schenk denen Liebe und Sympathie, die sie verdienen, gib Wissen all denen, die es brauchen. Gib. Geben ist Leben. Nehmen ist Tod."

Swami Chinmayananda

Machen Sie auch die Übungen für Zuhören und Vergeben in Kapitel Sechs.

**Affirmation:**

Ich begnüge mich mit dem Geschenk, das ich bekommen habe – das größte aller Geschenke, das Leben. Das Beste von allem ist mein, denn ich besitze die Liebe des Schöpfers.

**Mantra:**

Mach dir keine Sorgen, sei glücklich!

# BERUHIGENDE MUSIK FÜR KLEINE KINDER UND TEENAGER

**Empfohlene Musik:**

*„The Book of Secrets"* [25], Loreena McKennitt
*„The Memory of Trees"* [26], Enya
*„Forest Rain"* [27], Dean Evenson

**Geführte Fantasiereisen für junge Menschen, die mit Stress kämpfen:**

Stell dir vor, du bist an einem ruhigen Ort in der Natur. Vor dir sprüht ein Wasserfall und bildet einen großen Nebelstreifen. Der Nebel streichelt dich sanft und macht dabei deine Haare, dein Gesicht, deine Haut und deine Kleider nass. Das Wasser durchtränkt dich, dann tropft es ab. Als es abtropft, tropft es in den Strom zu deinen Füßen. Das Wasser löst all deine Ängste, deine schlechten Erinnerungen, deine Wut aus dir heraus. Während es alle unangenehmen Emotionen aus deinem Körper zieht, wird es dunkel, und es fließt in den Strom, es färbt das Blau des Stromes dunkler. Du siehst zu, wie sich die Sorgen im Strom auflösen, während er breiter und breiter wird und dem Ozean zufließt. Bald wird die dunkle Farbe deiner Sorgen vom Ozean aufgenommen, nicht mehr zu erkennen in der Weite der See. Deine Sorgen sind fort, und du kannst dich entspannen.
Benutze dieses Bild immer dann, wenn du betrübt, wütend oder ängstlich wirst, um dir zu helfen, deine Sorgen loszulassen. Es gibt keinen Grund, sie in dir zu behalten und sie bis zu einem gefährlichen Ausmaß anwachsen zu lassen.

**Affirmation:**
Ich bin ein guter Mensch. Ich verdiene es, ruhig, gesammelt und glücklich zu sein, und ich entscheide mich dafür, so zu sein.

**Mantra:**
Die Gelassenheit ist mein. Ich bin die Gelassenheit.

# QUELLENANGABEN ZU DIESEM KAPITEL


1 Castle of Keys, Windsong Enterprises, Inc., 1999
2 Harpestry, A Contemporary Collection, Imaginary Road Records, 1997
3 Celestial Winds I, Celestial Winds, 1994
4 Matriarch, Silver Wave Records, Inc., 1996
5 Wolf Song, NorthWord Press, Inc., 1994
6 The Visit, Warner Brothers Records, Inc., 1992
7 Celtic Twilight 3 Lullabies, Hearts O'Space, 1996
8 Millennium, Two Wolves Music, 1996 (diesem Buch beigefügte CD)
9 Neil Jacobs, Adena Productions, 1994
10 The Fairy Ring, Antiquity Records, 1982
11 Rain Forest Meditation, North Star Productions, 1998
12 Celestial Love Songs, Brain Mind Research, 1995
13 Gifts of the Angels, Steven Halpern's Inner Peace Music, 1994
14 The Weaving, Etherean Music, 1993
15 Lifescapes Relaxing Harp, Compass Productions
16 Celtic Legacy, Narada Media, 1995
17 Sound Healing, Soundings of the Planet, 1998
18 Ocean Dreams, Soundings of the Planet, 1998
19 The Chant, Angel Records, 1993
20 In Search of Angels, Windham Hill Records, 1994
21 Sons of Somerled, Etherean Music, 1996
22 Celtic Odyssey, Narada Media, 1993
23 The Nature of Hope, Healing Helthcare Systems, ® 1997
24 White Stones, PolyGram A/S Norway 1997
25 The Book of Secrets, Warner Brothers, 1997
26 The Memory of Trees, Reprise Records, 1995
27 Forest Rain, Soundings of the Planet, 1993

# Quellenangaben

Es gibt viele wunderbare Heilmusiker und Autoren, die wir nennen möchten. Wir haben ihre Musik empfohlen und ihre Bücher für Recherchen und einige wundervolle Zitate benutzt. Wenn Sie mehr über die Wunder von Musik und Heilung erfahren möchten, empfehlen wir Ihnen zu lesen und zu hören:

**Bücher:**

„*Music and Miracles*", zusammengestellt von Don Campbell, Quest Books, 1992

„*The Mozart Effect*", Don Campbell, Avon Books, 1997

„*The Healing Forces of Music*", Randall McClellan Ph.D., Element, 1991

„*Music Physician for Times to Come*", Don Campbell, Quest Books, 1991

„*The Secret Power of Music*", David Tame, Destiny Books, 1984

„*A Harp Full of Stars*", Joel Andrews, Golden Harp Press, 1989

„*The Tibetan Book of Living and Dying*", Sogyal Rinpoche, Harper San Francisco, 1992

„*Body, Mind, and Music*", Laurie Riley, Laurie Riley Books, 1998

**Musik**

Wir haben viele CDs in diesem Buch genannt; die meisten sind erhältlich über Ihre lokalen Geschäfte oder über Musikvertriebe wie Boders, Bares & Noble oder Amazon.com. Wir haben auch Musik von den folgenden Musikern empfohlen, die nicht so gut bekannt sind. Hier sind Möglichkeiten, ihre Musik zu bekommen:

| | | |
|---|---|---|
| Dean Evenson | Flutes, Harp, Nature<br>P.O. Box 4472<br>Bellingham, WA 98227<br>www.PeaceThroughMusic.com | 1) |
| Daniel Emmanuel | Synthesizers, Meditation<br>P.O. Box 8516<br>The Woodlands, TX 77387<br>www.mindwings.com | 2) |
| Ed Achrem | Piano<br>512 S. Tonopah, Suite 300<br>Las Vegas, NV 89106<br>www.cdpiano.com | 3) |
| Susan Mazer und<br>Dallas Smith | Harp and Woodwins<br>P.O. Box 8010<br>Reno, NV 89503<br>www.healinghealth.com | 4) |
| Neil Jacobs | 12 String Acoustic Guitar<br>1487 W. Fifth Avenue, PMB 310<br>Columbus, OH 43212<br>www.neiljacobs.com | 5) |

1) Flöten, Harfen, Natur [Anm.d.Ü.]
2) Synthesizer, Meditation [Anm.d.Ü.]
3) Klavier [Anm.d.Ü.]
4) Harfe und Holzblasinstrumente [Anm.d.Ü.]
5) 12-saitige akustische Gitarre [Anm.d.Ü.]

# „*Millennium*" von Crosswynd

In dieser Zusammenstellung von Instrumentalweisen werden alte Melodien ergänzt durch wunderschöne eigene Kompositionen, akustisch von Kate Mucci auf der gotischen Harfe und von Richard Mucci auf einer 12-saitigen Gitarre gespielt. Zünden Sie einige Kerzen an und hören Sie mit Liebe im Herzen.

**Lieder**

1. *Carolan's Dream* – Volkstümliche Weise
2. *King's Procession* – Richard Mucci, Two Wolves Music, BMI, 1996
3. *Gartan Mother's Lullaby* – VolkstümlicheWeise
4. *Scarboro Faire* – Volkstümliche Weise
5. *Castle od Dromore* – Volkstümliche Weise
6. *Night Dreams,* Richard Mucci, Two Wolves Music, BMI, 1996
7. *Fair Lady Kate,* Richard Mucci, Two Wolves Music, BMI, 1996
8. *Greensleeves* – Volkstümliche Weise
9. *Lauda St. Magdalena* – Volkstümliche Weise
10. *Gabriel's Lullaby,* Kate Mucci, Two Wolves Music, BMI, 1996
11. *Bonny Portmore* – Volkstümliche Weise
12. *Shule Aroon* – Volkstümliche Weise
13. *Aran Boat Song* – Volkstümliche Weise
14. *Pagan Waltz,* Richard Mucci, Two Wolves Music, BMI, 1996

Gesamt-Spieldauer ungefähr 50 Minuten)

*Millennium* wurde von Richard J. Mucci produziert. Gemixt/gemastert im Son Songs Studio, Las Vegas, NV.

Musikalische Inspiration von Timber und Kayla … unsere zwei weißen Wölfe und verwandte Tierseelen.

Für diese Aufnahme spielte Kate auf einer kundengefertigten 36-saitigen gotischen Harfe von Musicmaker und Richard spielte auf einer 12-saitigen Taylor-555-Gitarre. Besonderer Dank gilt unserem lieben Freund Bill Chenoweth, der für bestimmte Stücke seine sinnlichen Talente am Keyboard zur Verfügung stellte.

# Mit den Autoren Kontakt aufnehmen

Richard and Kate Mucci
4616 W.Sahara Ave., PMB 102
Las Vegas, Nevada 89102

E-mail: cwynd@aol.com

Website: www.crosswynd.com

Um CDs, Kassetten und andere Bücher und Musik von Richard und Kate Mucci zu bestellen, wenden Sie sich bitte unter den oben angeführten Adressen an sie.

Die Muccis treten gemeinsam als Duo „Crosswynd" auf. Kate spielt gotische Harfe und Richard spielt auf einer zwölfsaitigen Gitarre.

Zusätzlich zu den magischen Kerzenlichtkonzerten von Crosswynd leiten Kate und Richard Mucci Workshops und Seminare über die therapeutische Wirksamkeit der Musik. Ihre Gesellschaft bietet auch stressreduzierende Konditionsprogramme für den Arbeitsplatz an.

Kate Mucci nimmt jetzt „Persönliche Heilaufnahmen" auf, wobei sie einen geheimen Satz alter Musikcodes verwendet. Diese alten Codes wurden vor zweihundert Jahren von Komponisten wie Haydn, Brahms oder Ravel wiederentdeckt und dann bis vor kurzem wieder vergessen. Diese erstaunlichen 20–30 Minuten langen Aufnahmen machen aus den Buchstaben und Ziffern Ihres Namens und Ihres Geburtsdatums Musiknoten und schaffen so eine einzigartige Aufnahme für persönliche Gesundung und persönliche Entwicklung. Bitte wenden Sie sich für nähere Informationen direkt an Kate.

Dawn Nelson

**Freundschaft schließen mit Krebs**

*160 Seiten, br.*
*Format: 16,5 x 24 cm*
*ISBN 3-85068-584-5*

Manchmal ist es unerläßlich für unser Überleben, die Herausforderungen des Lebens auf eine neue Art wahrzunehmen und auszulegen, unsere herkömmlichen oder gewöhnlichen Muster loszulassen, damit wir in der Gegenwart überlegte Entscheidungen treffen und bewußte Verpflichtungen eingehen können. Es gibt keine richtigen oder falschen Antworten. Konfrontiert mit etwas so Erschreckendem wie einer Krebsdiagnose, muss jeder Einzelne für sich den Weg finden, einen solch gewaltigen Sturm zu durchschiffen, ob diese Diagnose nun uns selbst betrifft oder das traurige Schicksal eines geliebten Menschen ist. Wir haben die Macht, in jeder Situation unsere eigene Antwort zu wählen. Vielleicht sollten wir weniger besorgt sein um die Dauer unseres Lebens als um dessen Qualität. Die schlimmste von allen Diagnosen könnte die eines ungelebten Lebens sein.

Dieses Buch wendet sich an alle offenen Leser, die Krebs oder Angst vor Krebs haben oder jemanden lieben, der an Krebs leidet.

Ennsthaler VERLAG

*Christa Kössner*

**Mein Haustier spiegelt ... MICH**

Das Spiegelgesetz

Tiere reagieren nicht nur auf unsere Zuneigung, sondern agieren auch UNSERE nicht beachteten, negativen Gedanken, Überzeugungen und Glaubenssätze aus. Und deshalb ist es möglich, vom Verhalten unserer Haustiere einen Rückschluss auf uns selbst zu ziehen und die wahre Botschaft zu empfangen. Viele berührende Beispiele in diesem Buch beweisen die einfache und rasche Anwendung der Spiegelgesetz-Methode® in vier Schritten, welche von der Autorin selbst entwickelt wurde.

112 Seiten, br., Format: A5
ISBN 3-85068-591-8

*Christa Kössner*

**Mein Auto Spiegelt ... MICH**

Das Spiegelgesetz

Ihr Auto ist nicht nur eine Anhäufung von Metall, Gummi und Drähten - sondern das exakte Spiegelbild Ihres Denkens und Galubens. Was immer mit Ihrem Auto geschieht, haben Sie sich ausgedacht. Und deswegen ist es auch möglich, einen Rückschluss vom Zustand Ihres Autos auf den Zustand Ihrer unbewussten Denkstrukturen zu ziehen

112 Seiten, br., Format: A5
ISBN 3-85068-578-0

**Ennsthaler VERLAG**

*Christa Kössner*

**Die Spiegelgesetz-Methode**

Praktischer Wegweiser in die Freiheit

*"Ich wünsche Dir Mut und Entschlossenheit, Deinen Blick jetzt um 180 Grad zu wenden: auf Dich selbst. Ich wünsche Dir Fröhlichkeit und Humor, wenn Du ab nun die spiegelbilder in Deinem Leben entschlüsselst. Ich wünsche Dir Kraft und Lebensfreude, Erfolg und Glückseligkeit - von ganzem Herzen."*

Christa Kössner

Die Spieglegesetz-Methode bietet Selbsterkenntnis und Lebenshilfe, die nichts kostet, die schnell und konkret umsetzbar, einfach und an jedem Ort anwendbar ist.

96 Seiten, br., Format: 11,7 x 17 cm
ISBN 3-85068-579-9

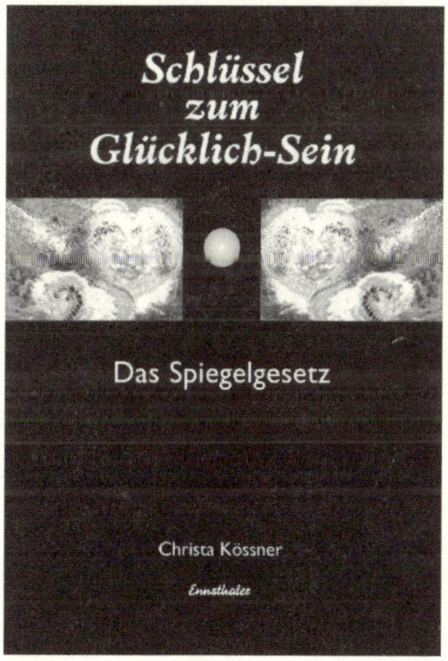


*Christa Kössner*

**Schlüssel zum Glücklich-Sein**

Das Spiegelgesetz

*Erlangen Sie eine völlig neue Sichtweise von der Wirklichkeit, und öffnen sie das Tor zum Glücklich-Sein!*

Sämtliche Ereignisse in unserem Leben sind Spiegelungen unserer tiefsten Überzeugungen und alle Menschen, mit denen wir näheren Kontakt haben, verkörpern Eigenschaften und Wesenszüge von UNS.

112 Seiten, br., Format: A5
ISBN 3-85068-524-1

Ennsthaler VERLAG